SEA SU PROPIO JEFE DE PRENSA

Todo lo que necesita saber para convertirse en noticia y aparecer en los medios

DANIEL COLOMBO

SEA SU PROPIO JEFE DE PRENSA

Todo lo que necesita saber para convertirse en noticia y aparecer en los medios

Editorial Autores de Argentina

Colombo, Daniel
    Sea su propio jefe de prensa / Daniel Colombo. - 1a ed. - Ciudad
Autónoma de Buenos Aires : Autores de Argentina, 2018.
    170 p. ; 14 x 20 cm.

    ISBN 978-987-761-478-7

    1. Desarrollo Personal. I. Título.
    CDD 158.1º

EDITORIAL AUTORES DE ARGENTINA
www.autoresdeargentina.com
Mail: info@autoresdeargentina.com

Diseño de portada: Andrés Bardon

Este libro es la versión digital del editado originalmente en el año 2004 por el autor. Tuvo sucesivas reediciones en papel, convirtiéndose en un best-seller en su categoría. El libro se presenta tal cual la edición original, por lo que algunos ejemplos y menciones no contemplan total vigencia actualmente. Esta obra fue ampliada en su versión actual en 2017, bajo el título "El mundo es tu público" (Editorial Hojas del Sur).

ÍNDICE

PALABRAS DEL AUTOR

Éste es un libro de auto-ayuda. Sí, leyó bien, auto-ayuda. Está diseñado para asistir a todos tos que necesitan darse a conocer a través de los medios, y no saben cómo, o fracasan en el intento.

Profesionales, artistas, organizaciones no gubernamentales, estudiantes de carreras afines a la comunicación, — Relaciones Públicas, Relaciones Institucionales, Recursos Humanos—; pequeñas y medianas empresas, pueden aprender en las páginas que siguen el ABC de la tarea de relacionarse eficazmente con los medios de prensa.

Casi como una guía, o un manual dividido en capítulos, Sea su propio jefe de prensa propone alternativas para la autogestión de difusión de todo tipo de actividades, cuando no se disponen de los recursos para contratar a profesionales, o la urgencia se impone.

En su desarrollo, busco transmitir desde la práctica lo que muchos intuyen en la teoría, porque hasta ahora no se ha publicado una obra con este contenido; de modo que este libro es una síntesis del aprendizaje de los caminos de ensayo y error transitados a lo largo del tiempo.

A partir de mi experiencia profesional de más de treinta años —desde aquel comienzo a los 8 en una emisora de radio de mi pueblo—, siempre tuve fascinación por la comunicación y los medios. Recuerdo que, mucho antes de incursionar en radio, "transmitía" diariamente noticieros desde el lugar de juegos en

la casa paterna. A los 11 conduje un programa en el Canal 7 de TV abierta, en la Argentina. Y, por supuesto, fui el locutor en actos escolares, festivales de beneficencia, lector del "periódico mural" en la escuela primaria, y también editor del diario de mi grupo de amigos, tipeado en una vieja Olivetti Lettera 22, realizado en primitivas hojas hectográficas (¿algún lector sabrá de lo que estoy hablando?), o el famoso mimeógrafo con esténciles.

Compositor de letras para jingles, productor de programas de radio, conductor de programas de TV, creativo de campañas publicitarias, redactor de guiones para comerciales, director de programación de un sistema de TV por cable, docente en la carrera de Locución, vendedor de películas y series para televisión, fueron otras de las actividades que, siempre, me mantuvieron en contacto directo con los medios.

Con el paso de los años fundamos Colombo-Pashkus, una compañía especializada en el diseño e implementación de estrategias de comunicación en prensa para todo tipo de emprendimientos, productos y servicios. Hasta ahora hemos trabajado en más de 800 proyectos, muchos de los cuales se verán reflejados en este libro.

De modo que Sea su propio jefe de prensa está basado en la experiencia, en casos concretos. Para muchos puede ser un pantallazo escrito del trabajo cotidiano, sobre todo para los colegas agentes de prensa y quienes se desempeñan en el ámbito de la comunicación institucional o corporativa.

Para otros, será una aproximación a un mundo frecuentemente olvidado en las carreras de la comunicación y afines, desconociendo el gran potencial e impacto que nuestra labor tiene en la dinámica de los medios. Encontrarán aquí las bases de una actividad desafiante, creativa y en constante crecimiento en todo el mundo.

Y para quienes contratan los servicios de compañías como la nuestra, descubrirán información estratégica que los puede asistir a la hora de tomar decisiones; reflexionando sobre aspectos claves como las políticas de relaciones con la prensa, la construcción de imagen pública a través de la comunicación periodística, y cómo ésta incide directamente en los destinatarios del mensaje.

Este libro es, entonces, más que un tratado teórico sobre medios y comunicación —temas sobre los que hay abundante bibliografía—. Este libro refleja la práctica cotidiana, el accionar del agente de prensa, los recursos que utiliza y los resultados que puede obtener.

Los invito a recorrer Sea su propio jefe de prensa en la secuencia de capítulos en que fue diseñado; y algo más: si lo desea, puede utilizar los márgenes del libro para hacer sus propias anotaciones, así transformaremos esta obra en una herramienta dinámica, personal y que podrá consultar cada vez que necesite comunicar mensajes a través de los medios de prensa... y quiera tener éxito.

Daniel Colombo

Qué es
hacer prensa

A decir verdad, muy poca gente sabe exactamente qué es hacer prensa, por lo que vamos a empezar explicando de qué se trata este trabajo. Hacer prensa significa trazar una estrategia y una metodología para lograr que los medios de comunicación se interesen por determinados productos, temas o actividades. Quienes tienen al menos una noción, creen no sin razón que el agente de prensa es una suerte de intermediario entre el material a difundir y los medios. Sin embargo, el rol de intermediario es sólo una parte de esta labor, ya que también implica transformarse en una usina de información de hechos específicos, generar la necesaria corriente de interés para que los medios den a conocer ese material y, además, darle estilo profesional.

Algunos de estos hechos, a los que de aquí en más denominaremos producto o tema, pueden ser la difusión de un proyecto, un servicio innovador, un tópico cuyas características lo convierten en material de interés público, o la presentación, lanzamiento o posicionamiento de una enorme variedad de personas y marcas. El objetivo es que los medios los reflejen a través de referencias directas o indirectas. Y para lograrlo, el agente debe tener un profundo co-nocimiento de dichos medios, contando con una clara idea de sus intereses y del público al que cada uno se dirige.

Ese conocimiento es esencial para el adecuado diseño de una campaña comunicacional porque se trata ni más ni menos que de la herramienta que nos permitirá elegir correctamente los destinatarios del mensaje.

TIPOS DE MEDIOS

Existen distintos tipos de medios de difusión que permiten comunicar, en forma masiva o restringida —como el caso de medios especializados en temáticas específicas— diversos temas. A grandes rasgos, los medios se clasifican en:

Medios gráficos: diarios, revistas, periódicos y boletines.

Medios radiales: programas que son emitidos a través de ondas en AM y FM.

Medios televisivos: TV abierta —recibida sin costo por los televidentes—, TV paga —que a su vez, se subdivide en TV por cable, TV satelital, UHF, MMDS y otros sistemas que requieren el pago de un abono mensual para acceder al servicio.

Agencias de noticias: dedicadas a abastecer a los medios de información de distinta índole.

Internet: sitios y portales, además de newsletters que circulan por correo electrónico.

QUÉ REQUISITOS DEBE REUNIR
UN AGENTE DE PRENSA

Al margen de este indispensable conocimiento de los medios, un agente de prensa debe reunir los siguientes requisitos:

- Tener habilidades como comunicador profesional.
- Disponer de cualidades para las relaciones públicas.
- Contar con un buen nivel cultural y estar permanentemente informado.
- Ser creativo.
- Ser proactivo.

Ser un hábil comunicador profesional implica saber generar contenidos periodísticos y poder transmitirlos de manera simple, evitando siempre los mensajes complejos.

Ser dúctil en las relaciones públicas facilita el establecimiento de redes interpersonales, es decir saber aprovechar todos los contactos que se presentan como así también or-ganizarlos de forma tal que estén fácilmente disponibles para cuando se necesiten.

Contar con un sólido background cultural es indispensable porque este trabajo obliga a estar en permanente contacto con la prensa, ámbito donde se maneja un enorme caudal informativo. Esto no implica ser eruditos en todos los temas sino ser curiosos, tener interés por acrecentar constantemente nuestro conocimiento y estar acostumbrados a consumir todo tipo de medios.

Ser creativo ayuda a transformar un hecho aparentemente simple en una noticia de potencial interés mediático.

Y ser proactivo permite estar permanentemente atento a las posibles oportunidades de difusión; a las inquietudes de los clientes y a las necesidades de los medios.

Pero que usted no concentre todos estos requisitos tampoco quiere decir que esté inhabilitado para trabajar como agente de prensa.

Tanto si piensas que puedes, como que no puedes, en ambos casos estás en lo cierto.

Henry Ford

Hay quienes sólo tienen desarrolladas algunas de estas cualidades, pero son muy buenos profesionales porque fueron ejercitando y aprendiendo las demás con el paso del tiempo. Sin embargo, conviene aclarar que la mayoría de estas condiciones son innatas. Por ejemplo, una persona puede trabajar su temperamento y sus habilidades para relacionarse con la gente, pero la simpatía es, en esencia, un don natural. Otro tanto puede decirse de la creatividad. Aunque hay otros aspectos relacionados con esta profesión que se pueden adquirir, como el hábito de la lectura, la capacidad de análisis y las técnicas relacionadas con la redacción periodística.

El trabajo del agente de prensa no se puede aprender en una escuela o universidad. Ser periodista, licenciado en Comunicación, productor de radio o televisión o relacio-nista público puede contribuir, pero no garantiza idoneidad. Hay periodistas que son excelentes escribiendo, pero pueden fallar a la hora de establecer un vínculo con un medio. Hay productores que son muy buenos coordinando una agenda, pero se sienten limitados para preparar un press-kit, carpeta con información para enviar a los medios. Y hay egresados de Relaciones Públicas que son brillantes en el trato, pero no tienen idea de cómo elaborar una estrategia de prensa.

EL *MIX* IDEAL

En general, los individuos que prosperan en esta profesión son una suerte de mix entre:

- El periodista que investiga, que entrevista, que sabe separar lo fundamental de lo anecdótico y que a la hora de transmitir un mensaje es capaz de jerarquizar correctamente la información y volcarla en un papel con simpleza y claridad.
- El productor televisivo o radial que es generador de noticias, que sabe encontrarle el costado periodístico hasta al tema aparentemente más insulso.
- El relacionista público que es capaz de mantener vínculos interpersonales óptimos a largo plazo.

Pero como no siempre una sola persona reúne todas esas cualidades, una buena manera de llevar adelante esta tarea es a través del trabajo en equipo. Por eso, a la hora de armar un grupo es fundamental saber rodearse de profesionales que cuenten con las potencialidades que no tenemos o que aún no hemos desarrollado.

Sin embargo, tampoco es aconsejable ponerse a armar un equipo sin antes contar con una experiencia previa que nos confirme que somos aptos para esta profesión. Una forma de probarse es a través de una experiencia part-time en un grupo ya formado, participando de un proyecto puntual como pasante o colaborador.

¿CUÁNDO ALGO ES "PRENSABLE"?

Aunque para muchos sea obvio, bien vale aclarar que los medios no consumen cualquier cosa. Por eso, llamamos "prensable" a todo contenido o información que poten-cialmente pueda llamar la atención de la prensa y, por ende, ser tenido en cuenta para su difusión masiva.

Para asegurarse de que un tema o producto sea "prensable", el agente de prensa debe chequear que éste cuente con una cualidad distintiva que aporte algo nuevo o un beneficio concreto a un público masivo o a un sector específico.

De todas formas, no todo material que cuente con esas características es factible de ser abordado mediante una campaña de prensa, ya que hay mensajes que conviene transmitir mediante otros tipos de comunicación.

TIPOS DE COMUNICACIÓN MASIVA

A la hora de transmitir un mensaje hay que tener en cuenta que existen tres tipos de comunicación:

- La comunicación publicitaria.
- La comunicación promocional.
- La comunicación periodística.

La comunicación publicitaria, que está a cargo de las agencias de publicidad, consiste en generar y difundir contenidos promocionales de servicios o productos dirigidos a un público masivo o selectivo. Usualmente, se trata de avisos publicitarios en medios gráficos, radiales y televisivos, de una campaña de afiches en la vía pública, Internet, o aplicada a través de los medios con una estrategia predeterminada. Es decir, por qué medios va a salir el mensaje, con qué frecuencia, en qué horarios y a qué público va a ir dirigido.

La comunicación promocional está emparentada con la publicitaria, pero se diferencia de ésta porque apunta a una relación más directa con los potenciales consumidores, como una promoción callejera, marketing directo que recibe el potencial usuario en forma personalizada, o la distribución de folletos.

La comunicación periodística, por su parte, es la herramienta de la que se valen los agentes de prensa para llegar a los medios.

CUÁNDO HACER PRENSA

Si una empresa tiene que comunicar a su gran masa de clientes que cambió sus números telefónicos, difícilmente pueda canalizarlo en los medios sólo a través de la comunicación periodística. En ese caso, convendrá recurrir a una agencia publicitaria para que genere un mensaje muy específico que luego habrá que difundir en los medios más afines a las características del servicio que brinda esa compañía.

En cambio, si lo que se quiere informar es el lanzamiento de un nuevo servicio al que la gente puede acceder telefónicamente, lo más atinado sería complementar una campaña publicitaria con otra de prensa.

CÓMO CONVERTIR ALGO EN "PRENSABLE"

Diagnosticado ya que un caso es "prensable", el paso siguiente consiste en determinar cada uno de los aspectos diferenciales de un tema o producto en relación con su competencia directa o indirecta, es decir con el mismo nicho o segmento. Esto no quiere decir que el agente debe inventar noticias.

La clave para encontrar esas particularidades pasa generalmente por seguir un proceso muy similar al que aplican las agencias de publicidad, que se basa en conocer profundamente el material con el que se está trabajando. Una herramienta útil para esa tarea es el braInstorming (tormenta de ideas), que consiste en volcar en un borrador todo lo que se nos ocurra en relación al proyecto, para luego seleccionar lo que consideramos más apropiado.

A veces, por razones de tiempo, no es posible indagar lo suficiente, pero siempre que esto sea factible hay que hacerlo. Sobre todo porque, muchas veces, por cuestiones de desconocimiento, los gestores de un proyecto no nos transmiten ciertos datos o características que pueden resultar muy útiles para instrumentar una campaña de prensa.

- A modo ilustrativo, bien vale contar un ejemplo que nos tocó vivir en nuestros primeros años en esta profesión. La primera obra de teatro a la que le hicimos una campaña de difusión era un espectáculo infantil que se presentaba en una sala pequeña, cuyo autor y actores eran prácticamente desconocidos. Esa suma de factores adversos hizo que nos resultara muy difícil interesar a los periodistas para generar contenidos sobre el espectáculo. Sin embargo, todo cambió cuando nos enteramos de que tenían una carta de recomendación de un importante grupo ambientalista porque la obra apoyaba la causa ecologista. Un dato absolutamente tangencial, que nadie nos había informado y que terminó siendo el soporte de esa campaña, que al final resultó muy buena. Esto no hubiera sido posible si no hubiésemos indagado como lo hicimos.

Si alguna vez te has dicho que no eres creativo, justo eso es lo que eres.

David Allen

APROVECHAR LAS OPORTUNIDADES

Salvo que trabaje con un tema de rigurosa actualidad, los resultados de una campaña no se manifiestan de inmediato. Por eso es importante que el agente de prensa tenga muy desarrollado el sentido de la oportunidad.

Una campaña relacionada con el pánico a volar, por ejemplo, no es algo por lo que los medios se desvivan, pero un hecho como el acontecido en los Estados Unidos el 11 de septiembre de 2001 es un detonante que contribuye a potenciar el interés y que hay que saber capitalizar.

- En este tema, sobre el que trabajamos dos años seguidos, hubo períodos de "meseta" en la generación de contenidos, donde el enfoque de nuestras comunicaciones a la prensa variaban, transformándose, por ejemplo, en temas como "Las creencias y amuletos que usan los que tienen miedo a volar", "Técnicas anti-estrés para poder volar", "La seguridad en vuelo: aspectos técnicos que debe conocer el pasajero con miedo a volar", "Por qué rezar, beber de más y aferrarse al pasajero de al lado disminuye los efectos del miedo a volar en situaciones críticas", "Los famosos y el miedo a volar" y hasta un espectacular simulador de realidad virtual que emulaba las sensaciones del avión, con el que trabajaba nuestro cliente, que nos permitió insertar la información en secciones de tecnología e informática.

MITOS Y CREENCIAS

En general, las personas que contratan a un agente de prensa tienen objetivos muy desmedidos respecto de las posibilidades reales de inserción de su tema o producto. Esto es así porque ponen tanta pasión y esfuerzo que usualmente pierden dimensión de la ubicación de su proyecto en el contexto global del volumen de información que manejan los medios.

Además, mucha gente cree erróneamente que el agente de prensa tiene influencia sobre los periodistas para poder digitar los contenidos de una nota. Como generador de contenidos — es decir en base al tratamiento que da a los temas y a la forma en que los presenta—, el agente de prensa puede a lo sumo convertirse en un orientador. Con el paso del tiempo y en base a una relación cimentada en la confianza, hay veces en que el agente puede sugerirle al periodista que formule determinada pregunta al entrevistado porque piensa que puede ser de interés para su medio. En otras ocasiones, es el periodista quien consulta aquello que el agente considera importante preguntarle al reporteado. Pero lo que el cliente debe tener en claro es que el tratamiento final del tema, el espacio que se le va a destinar y el momento en que se va a publicar es atribución exclusiva de cada medio.

Otros directamente creen que los agentes consiguen espacios en los medios a través de una paga. Dentro de esta profesión, en efecto, hay quienes pagan para asegurarse determinadas coberturas, pero son sólo excepciones. La mayoría de los agentes de prensa basamos nuestro trabajo en una relación profesional, de cooperación, complemen-tariedad y mutuo apoyo con los medios, lo que se logra convirtiéndonos en una fuente confiable de información. Eso no quita que en determinados casos se retribuya a algunos periodistas de manera no monetaria. Una forma de considerar a un contacto cercano es suministrándole información privilegiada o una primicia o, por ejemplo, invitándolo al estreno de una película, que si bien no guarda relación con su especialidad, el agente intuye que puede ser de su gusto. Esto es fortalecer, desde una acción de relaciones públicas personalizada, la red de contactos que el agente fue edificando con el paso del tiempo.

LOS BENEFICIOS
DE UNA CAMPAÑA DE PRENSA

Más allá de mitos y creencias, cuando el cliente toma conocimiento de los reales alcances del trabajo de prensa suele surgir una dosis de frustración. En esos casos, el agente debe resaltar las ventajas que conlleva una campaña basada en la comunicación periodística.

Una estrategia de prensa brinda la posibilidad de profundizar, ampliar conceptos y abordar aspectos medulares. Algo que difícilmente pueda conseguirse a través de una campaña publicitaria. Un aviso no es lo mismo que una nota, ya que está probado que si el contenido es transmitido de manera periodística, el consumidor recibe el mensaje de otra manera.

La incorporación del área de relaciones con la prensa a una campaña global de comunicación tomó impulso a comienzos de los años ochenta. Antes, la comunicación era básicamente publicitaria; y la relación con los medios estaba ligada, frecuentemente, a aspectos comerciales entre anunciantes y medios, y al lobby para instalar determinados temas en la opinión pública, o influir en los contenidos. Por aquella época las mismas agencias de publicidad comenzaron a sugerir algunas acciones de relaciones públicas que por necesidades propias de las empresas terminaron convirtiéndose en acciones de prensa.

En la Argentina y otros países afectados por profundas crisis económicas, es posible que este cambio haya tenido un origen económico-financiero. De hecho, la incorporación de la comunicación periodística como soporte de publicidad de productos y servicios contribuyó a no perder presencia en el mercado a un costo mucho menor que los que se manejan en el campo publicitario. Sin embargo, actualmente, este fenómeno ha trascendido largamente lo económico y hay que analizarlo desde una óptica sociológica, porque también está ligado a la presencia de los medios en la sociedad y a su grado de credibilidad. Hoy es impensable una campaña comunicacional que no incluya el área de relaciones con los medios, porque su combinación con la publicidad, la promoción y las relaciones públicas resulta decididamente más efectiva.

> *El secreto del éxito es fácil: haz más de lo que te funciona, y menos de lo que no te funciona.*
>
> **John Roger**

Definido qué es hacer prensa y las cualidades que deben reunir las personas que desean abocarse a esta tarea, el paso siguiente consiste en empezar a conocer cómo se la lleva a cabo. A esto nos dedicaremos en el capítulo siguiente.

Cómo
hacer prensa

Para diseñar una campaña de prensa, lo primero que hay que hacer es diagnosticar las posibilidades periodísticas del producto sobre el que vamos a trabajar. Este diagnóstico se traza relevando la mayor cantidad de información posible acerca de ese producto, que se obtiene conversando con el cliente, a través de folletos, Internet, recortes de prensa anteriores y analizando su competencia directa e indirecta.

En este proceso, además, hay que interiorizarse sobre los objetivos del cliente, no sólo en términos comerciales sino también sobre qué significa para él el éxito en términos de logros personales, como el hecho de añadir un nuevo eslabón a su carrera profesional o lanzar y desarrollar algo novedoso o inédito en el mercado.

También es fundamental conocer el entorno físico del cliente y el ámbito donde desarrolla su proyecto, dado que ambas cosas nos van a aportar nuevos datos para implementar la campaña más adecuada.

A veces, el cliente es reacio a suministrar información referida al área económica de su empresa. Pero si, por ejemplo, la prensa se basa en el lanzamiento de un nuevo producto o servicio, habrá que hacerle entender que los números referidos a esa inversión son vitales para nuestro trabajo en función de secciones periodísticas como Economía y Negocios. Esto se logra ganándonos su confianza y haciéndole comprender que no somos ajenos a su equipo, sino que formamos parte de él. Aunque no desarrollemos nuestra tarea en el mismo ámbito físico, el cliente deberá comprender que nuestra relación no es distinta de la que mantiene con su abogado o su contador, a quienes lejos de ocultarles información, les cuenta todo para que resuelvan sus asuntos de manera satisfactoria.

LA IMPORTANCIA DE UN BUEN DIAGNÓSTICO

Un diagnóstico de caso es una cuestión de:

- Viabilidad.
- Oportunidad.
- Objetividad.

De viabilidad, porque a través de nuestro conocimiento y experiencia vamos a poder evaluar si el producto es o no "prensable", como ya fue analizado en el capítulo anterior.

De oportunidad, porque hay que evaluar qué momento es más adecuado para que los medios se interesen en el producto. Aquí se trata de aplicar el sentido común, ya que, por ejemplo, la efectividad de una campaña sobre una nueva línea de chocolates va a variar según se la lance en verano, otoño o invierno.

De objetividad, porque nos va permitir "bajar" las expectativas del cliente a la realidad de los medios y redefinir los objetivos, señalándole las diferencias entre lo deseable y lo posible. Una de sus expectativas puede ser, por ejemplo, que se hable de su producto en el programa radial de mayor ra-tíng de la mañana, pero a no ser que se trate de algo de estricto interés público y que posea un claro valor agregado en términos de audiencia, deberemos explicarle que puede resultar muy difícil que ese deseo se cumpla, cuando no imposible.

En un principio, esto puede generar en el cliente una sensación de frustración, al punto de replantearse la idea de hacer una campaña de prensa. En ese momento, el agente debe extremar sus cualidades de comunicador. Primero, haciéndole entender la razonabilidad y honestidad de su planteo; y segundo, desplegando un abanico de posibilidades que reavive su interés. Como objetivo de máxima, el agente puede plantearle que intentará conseguir la mayor cantidad de menciones en los medios específicamente relacionados a la temática que engloba al producto. En un segundo nivel, reforzar la imagen de prestigio que tiene su compañía; y tercero, comunicar a la competencia sus planes para los próximos meses, ya que cuando el agente hace prensa no sólo se dirige al oyente, televidente o lector común, sino a distintos tipos de públicos. Como vemos, parte de nuestro trabajo es lograr flexibilizar ciertos paradigmas —formas de representar el mundo— del cliente y, también, de nosotros mismos.

Nosotros no vemos las cosas como son; vemos las cosas como somos nosotros.

Anaís NIN

Hay agentes de prensa, sobre todo los más novatos, que para asegurarse un trabajo prometen lo imposible. Sin embargo, en el momento de mostrar resultados, esa actitud se les va a volver inevitablemente en contra. Siempre es preferible que el agente sea franco y moderado en cuanto a sus posibilidades —y quizás luego sorprenderlo con algo más que lo acordado— que asegurar al cliente que va a poder canalizar todas sus expectativas y después llegar con las manos vacías.

Tras esta etapa de consenso, el agente debe trazar un plan de trabajo muy similar al que se aplica en marketing, pero adaptado a una campaña de prensa. Este proceso contempla:

• Establecimiento de objetivos.
• El diseño de una estrategia.
• Su modo de implementación.
• Un plan de medios.

ESTABLECIMIENTO DE OBJETIVOS

Al preparar un plan de prensa, es sumamente importante resumir en cuatro o cinco puntos los objetivos que se persiguen para cada caso (por cuestiones de confidencialidad, no mencionaremos marcas en este libro al referirnos a casos en los que hemos trabajado). Un enunciado de objetivos puede incluir:

• Gestionar ante los medios de prensa y lograr espacios sobre el relanzamiento de una línea de broncea-dores y protectores solares.
• Reforzar el posicionamiento de la marca en los consumi-

dores, haciéndoles saber que los productos siguen disponibles en el mercado.

- Destacar que es la marca líder en su segmento en los Estados Unidos.
- Resaltar la óptima relación precio/calidad y la accesibilidad para el consumidor, por cuanto se trata de un producto importado.

ESTRATEGIA E IMPLEMENTACIÓN

Definir una estrategia implica recomendar los pasos a seguir para llegar a los objetivos que hemos acordado.

Primero, hay que evaluar si nuestro material de trabajo requiere de una campaña a corto, mediano o largo plazo.

Una campaña a corto plazo es aquélla que permite visualizar resultados tangibles entre uno y tres meses. En general, se pueden lograr estos resultados al trabajar con temas de impacto masivo e interés comunitario, que los medios pueden traducir en noticias rápidamente. Por ejemplo:

- Campaña de relaciones con la prensa de corto plazo —tres meses corridos, desde el 1 de febrero al 30 de abril—.
- Acercamiento especial a responsables de secciones de moda, belleza y salud en medios gráficos.
- Acción de relaciones públicas asociada al producto, con formadores de opinión.

Hablar de mediano plazo, implica obtener resultados entre aproximadamente seis meses y un año, por ejemplo cuando
abordamos temáticas que requieren un desarrollo escalonado
para lograr efectividad en su conjunto.

• Recuerdo el caso del trabajo que realizamos para la introducción en el mercado de un nuevo fármaco en una campaña de medio año. Los dos primeros meses estuvieron
dedicados a la instalación de la problemática que paliaba el
medicamento —sostener la abstemia en el consumo de al-
cohol para pacientes con esa adicción—; los dos siguientes
se enfocaron en divulgar el nombre científico de la droga
base del medicamento; y el período final de la campaña,
a introducir el nombre comercial de esa medicación con
el objetivo de que potenciales usuarios consultaran a los
médicos a partir de este nombre, más fácil de recordar. La
suma de estas tres etapas dio el resultado de la campaña
global y permitió que se alcanzaran los objetivos de comunicación en prensa acordados con el laboratorio.

Una campaña a largo plazo es aquélla que se implementa
con una duración mínima de un año, con continuidad. Los resultados son progresivos, y se ven y dimensionan en el tiempo.
A largo plazo se desarrollan las acciones de mantenimiento de
presencia en el mercado de empresas que prestan servicios que
requieren continuidad en su visibilidad pública; por ejemplo,
una bodega que permanentemente innova, exporta, lanza nue-

vos productos, firma acuerdos, etcétera; o una cadena de hamburguesas, que ha visto afectada su imagen pública por situaciones que comprometen su integridad comercial. En este caso, se necesita de un trabajo constante para apreciar resultados en el tiempo.

Descubrir significa mirar lo mismo que observan otras personas, pero ver algo diferente.

Albert Szent-Gyorgi

DISEÑANDO UNA ESTRATEGIA DE PRENSA

Retomando el ejemplo relacionado con el ámbito de la salud, podemos sintetizar la preparación de una estrategia de prensa de la siguiente manera:

- Realizar un trabajo con periodistas vinculados con ese nicho específico.
- Implementar una acción de relaciones públicas combinada con distribución de información para medios relacionados con ese sector.
- Organizar una presentación para la prensa especializada.

A esta etapa le sigue la implementación, que consiste en describir brevemente y en forma progresiva cómo vamos a hacer cada cosa. Por ejemplo:

- Redacción de una gacetilla o comunicado —press-re-lea-se—. (Hablaremos sobre materiales de prensa más adelante)
- Elaboración de gráficos u otro tipo de material ilustrativo a modo de complemento.
- Búsqueda de un espacio idóneo para organizar la presentación.
- Convocatoria a la prensa.
- Elaboración de ideas a modo de sumario con distintos enfoques sobre un mismo producto, que facilite la tarea de los periodistas interesados en la temática.
- Designación y entrenamiento de un vocero calificado ante los medios de prensa.

DETALLES DEL PROCESO DE IMPLEMENTACIÓN

La descripción de cómo vamos a implementar una campaña de prensa es clave en el proceso de explicar en qué consiste nuestro trabajo, ya que en ella encontraremos los elementos que nos permitirán empezar a transformar en tangible lo que hasta ese momento era intangible. A diferencia de quien adquiere un mueble, ropa o un cuadro, la persona que contrata un servicio de prensa sólo puede ver los resultados una vez concluida la campaña. Así pues, la única manera de ganarnos la confianza del cliente es a través de una clara exposición que le permita vislumbrar la concreción de sus objetivos mucho antes de que iniciemos nuestro contacto con los medios.

EL PLAN DE MEDIOS

Después de explicar la estrategia sugerida y el modo en que vamos a implementar la campaña, hay que exponer un plan, detallando los tipos de medios en los que estimamos que puede tener cabida el producto, pero sin necesidad de identificarlos. No obstante, si el cliente pregunta concretamente a cuáles vamos a apuntar, conviene mencionar los medios que, a priorí, sabemos o intuimos que se pueden mostrar más interesados, aunque aclarando que no significa que le estemos garantizando que va a ser así, porque, como ya hemos visto, son los propios medios los que seleccionan qué contenidos les interesan y cómo van a reflejarlos.

Según las necesidades y posibilidades del caso, un plan estándar de medios puede incluir:

- Medios gráficos: diarios de circulación nacional —los que cubren todo un país— y del interior, revistas de circulación masiva y especializadas, periódicos zonales o barriales y guías de servicios.
- Televisión: programas de TV abierta, cable, satelital y comunitaria.
- Radio: programas de AM y FM en emisoras de alcance local, regional y nacional, y emisoras barriales.
- Internet: páginas web, portales verticales y newslet-ters electrónicos (boletines de noticias) vía e-mail.
- Agencias de noticias en las que circulan todo tipo de informaciones; las hay nacionales e internacionales.

Promete poco, cumple mucho.

Demófilo

Aprobado el plan de medios, es importante detallar los materiales necesarios para llevar a cabo una campaña, por ejemplo, fotos y videos. En este caso, conviene ser muy específico en cuanto a cantidades y calidades. No hacerlo implica dejarlo librado a la interpretación del cliente, que por simple desconocimiento, puede creer que media docena de fotos sacadas en forma casera son material suficiente y apropiado para enviar a los medios.

Por último, para evitar malos entendidos, también conviene hacer un listado que aclare qué incluye y qué no el trabajo de prensa convenido y cuáles serían tareas extras, en caso de ser necesarias. El detalle de nuestros honorarios siempre se deja para el final, al que también podemos adosarle distintas modalidades de pago.

Vale aclarar que no es conveniente hablar de dinero con el cliente hasta después de presentada la propuesta. Como ya dijimos, ésta es una tarea básicamente intangible, por lo cual debemos seducirlo a través del desarrollo de nuestro plan de trabajo. De forma tal que cuando llegue al ítem presupuesto esté convencido de que nuestros honorarios están plenamente justificados.

En la implementación de una campaña de prensa necesitamos aplicar, cruzar, cotejar y seleccionar los medios más apropiados para comunicar el caso; y, a su vez, establecer los vínculos con los periodistas encargados de las distintas secciones. Un aspecto estratégico para esta tarea es el armado de nuestra red de contactos.

CÓMO ARMAR UNA BASE DE DATOS

A la hora de emprender una campaña, es indispensable contar con una buena base de datos, que es la esencia de la organización logística de todo agente de prensa.

Para empezar a armarla se puede consultar la guía telefónica, donde encontraremos la información más básica, como direcciones o teléfonos de canales, radios, diarios y editoras de revistas. Se puede seguir con un relevamiento de las firmas que aparecen en diarios y revistas, y de los nombres de conductores, columnistas y periodistas que integran las producciones de programas de radio y televisión. Sin olvidar tomar nota de las direcciones, códigos postales, teléfonos y direcciones electrónicas de esas publicaciones o ciclos.

En esta tarea, los medios gráficos suelen presentar alguna dificultad involuntaria, ya que no todos los que trabajan en las redacciones firman notas y tampoco todos los firmantes trabajan en ellas. Los primeros, en general, son periodistas que cumplen la función de editores, que están a cargo de una sección y capitanean un equipo de trabajo. Los segundos conforman la amplia gama de colaboradores free-lance —los hay calificados y comunes—, que sólo van a las redacciones en forma ocasional o envían sus notas por e-mail.

Leyendo diarios y revistas es posible no sólo deducir el rol jerárquico de cada periodista sino también las temáticas a las que están abocados habitualmente. El cargo se puede detectar mediante la forma en que aparece la firma o de algún comentario que la acompaña. Por ejemplo, si dice "de la redacción de..." se trata de un redactor exclusivo del medio; si una nota aparece firmada por un periodista y debajo de su nombre o al final dice "con la colaboración de..." o "informe de...", significa que el primero fue el principal responsable del artículo o que supervisó su desarrollo y luego lo escribió, mientras que el restante, tal vez desde un rango menor, aportó información. En cambio, si un periodista firma sólo una vez a la semana y es alguien que trabaja en radio o TV, probablemente sea un colaborador free-lance con contrato de exclusividad para notas de análisis sobre algún tema puntual.

En cuanto a la detección de temáticas, primero hay que conocer los alcances de cada sección o categoría. Si bien cada medio suele denominarlas y englobarlas de manera particular, pueden ser resumidas de la siguiente manera:

- Política Nacional.
- Economía Nacional.
- Internacionales, que incluye las noticias políticas y económicas del exterior.
- Información General, donde tienen cabida las noticias policiales y variados temas sociales tanto del plano local como del extranjero.
- Espectáculos.
- Deportes.
- Servicios, que incluye guías, agendas, el pronóstico del tiempo, teléfonos útiles, el horóscopo y, en algunos casos, la sección Entretenimiento —humor gráfico, frases del día, etcétera—.
- Suplementos temáticos.

Teniendo esto en claro, hay que hacer un seguimiento —un mes es un plazo razonable— de las notas que firma cada periodista, y en función de ese rastreo se pueden deducir sus intereses o gustos personales. Por ejemplo, si estamos haciendo la prensa de un organismo no gubernamental abocado a los derechos de consumidor, habrá que detectar qué periodistas de Economía e Información General son más proclives a consultar a este tipo de instituciones.

Para obtener información más completa acerca de quiénes trabajan en cada sección y qué función cumple cada uno, conviene consultar además las secciones institucionales de las propias publicaciones —usualmente en el caso de los diarios sólo figura el director, y en las revistas puede aparecer todo el staff— o en sus ediciones on Une. Internet es, además, un medio ideal para acceder a las páginas de las radios, donde figura la programación de cada emisora, y de los programas radiales y televisivos que tienen sus propios sitios, de los que también se puede sacar abundante información.

Como en la mayoría de los diarios no figura quiénes son sus editores y sub-editores, e incluso algunos matutinos y vespertinos no especifican los autores de buena parte de los artículos, a veces es necesario recurrir a las guías de medios, que por lo general contienen el staff de cada uno de ellos, sección por sección. También están los mailings de las empresas que se dedican a. vender este tipo de servicio en CD Roms o agendas impresas que son actualizadas periódicamente.

Por último están las bases de datos de e-mails que se venden por correo electrónico. Aunque de todas las opciones, son las menos recomendables porque si bien pueden contener un gran volumen de direcciones, no todas son de utilidad, puesto que fueron armadas en base a parámetros lógicos. Es decir que fueron hechas buscando todos los correos que, por ejemplo, incluyen la palabra "prensa", pero eso no garantiza que el ciento por ciento pertenezca a periodistas. Además carecen de información básica, como el nombre y apellido de la persona, el medio en que trabaja y la sección a la que pertenece, salvo que algunos de estos datos formen parte de la dirección de su correo electrónico. Así y todo, por ejemplo, se seguirá ignorando si es varón o mujer —porque rara vez las direcciones contienen el nombre de pila completo— y si es joven o una persona mayor.

Arriesgar es tender redes de conexión con el mundo.

ROBERTA RIISSELL

Para comenzar a trabajar en esta actividad no es necesario contar con la mejor base de datos del mundo. Eso es algo que se construye y enriquece con el paso del tiempo y en la medida en que el agente va ampliando sus áreas temáticas. Se trata de un trabajo de hormiga, que requiere de una gran conducta a fin de mantenerla permanentemente actualizada. Para esto último, lo más aconsejable es ir anotando en una agenda o cuaderno todo lo nuevo que va surgiendo a lo largo de un día —un cambio de número telefónico, un nuevo trabajo de un periodista que ya teníamos agendado—y al final de cada jornada volcarlo en la computadora. Sin embargo, el orden no es algo privativo de la actualización sino de toda la dinámica del trabajo de prensa. Es por eso que también conviene llevar un registro escrito de las personas a quienes se envía material, qué se le envía a cada una y cuándo quedamos en llamarla. Como vemos, en esta profesión, trabajar con una agenda es fundamental.

RECURSOS TECNOLÓGICOS

En cuanto a cómo implementar una base de datos, lo más recomendable es usar algunas de las herramientas informáticas disponibles en el mercado, como las planillas de Excel, Access u otros sistemas más avanzados pero igualmente fáciles de manejar a la hora de clasificar o de "filtrar" datos, incluyendo la impresión de etiquetas autoadhesivas para correspondencia. Esto implica tener la capacidad de aplicar distintos criterios a la información que tenemos almacenada. Por ejemplo, poder ubicar a todos los periodistas que viven en una misma calle o detectar las distintas temáticas que aborda un colaborador free-lan-ce en diferentes medios de comunicación.

Para el asesor ingeniero en sistemas Diego Rodríguez, gerente de Sistemas y Tecnología de la multinacional LAPTV — propietaria de populares señales de televisión como Cinecanal, Movie City y The Film Zone—, "la tarea de prensa depende puramente de la información como herramienta de trabajo y se necesita organizaría, administrarla, consultarla y disponer de ella permanentemente. Las computadoras se transforman, entonces, en herramientas indispensables para el trabajo".

Rodríguez ha desarrollado varios sistemas específicos para la operatoria de agencias de prensa, incluyendo nuestra compañía. "Para organizaciones medianas y grandes es imprescindible el uso de equipamiento que agilice la labor, que permita la comunicación interna —Intranet— y externa, y almacene datos y documentos; y por otro lado, sistemas que administren la información, unifiquen los datos, evitando la redundancia o duplicación —problema típico en cualquier empresa— y ayude a la rápida recuperación de información que pueda extraviarse, por parte de los usuarios."

Sobre el equipamiento necesario para las tareas dé los agentes de prensa, dice, "es necesario tener en claro los objetivos del sistema a desarrollar, para optimizar costos y darle la máxima funcionalidad y flexibilidad, incluso para expandirlos cuando sea necesario. Si hay varias computadoras trabajando al mismo tiempo es recomendable armar una red, conectando éstas entre sí mediante placas que permitan su interacción, compartiendo escaners e impresoras láser o a chorro de tinta, según los trabajos a realizar. A la vez, el sistema tiene que facilitar el acceso a grandes volúmenes de archivos y sistemas de información, como los que se van acumulando a lo largo del tiempo".

El tratamiento de imágenes es otro de los requerimientos esenciales de la labor del agente de prensa. "Es imprescindible contar con un escáner color que permita la digitalización de fotos, textos, recortes de prensa, para luego manejarlas a través del computador. El trabajo sencillo sobre imágenes puede realizarse con sistemas accesibles y que ya vienen preinstalados —entre ellos Microsoft Word, Photo Editor y Power Point—; aunque si se requieren trabajos con alto nivel de detalle será necesario adquirir programas mas específicos."

Sobre las ventajas de Internet y el correo electrónico, herramienta fundamental como soporte del trabajo, el especialista señala que "los sistemas deben ser diseñados para facilitar una óptima comunicación, que permitan la interacción entre el staff tanto dentro como fuera de la empresa. Internet facilita el acceso al mundo, y el correo electrónico es el principal recurso para intercambio de e-mails. Con esto se agiliza el envío masivo de informaciones, administración de mailings —grupos de destinatarios a los que se circulan informaciones— por grupos de intereses, a un costo muy conveniente. Al poner en marcha el sistema de e-mail hay que tener en cuenta el ancho de banda del acceso a Internet, ya que de esto dependerá la velocidad de salida y entrada de los mensajes; delimitar la cantidad de contactos a los cuales se envíen mensajes grupales, ya que el envío masivo puede generar cuellos de botella en el tráfico de la red. Y siempre tenga en cuenta que no todos los receptores cuentan con computadoras que pueden abrir archivos pesados; por lo que la sugerencia es que evite o limite el envío de archivos adjuntos".

Finalmente, Diego Rodríguez habla de la seguridad necesaria en el sistema informático. "Imagine el costo que tendría perder toda o parte de la información de la que depende su trabajo. Sugiero tener en cuenta tres puntos. El primero es la instalación de programas antivirus, para evitar que e-mails o archivos infectados perjudiquen su computadora, y mantenerlos siempre actualizados. En segundo lugar, establecer políticas de back up (resguardo) para almacenar periódicamente toda la información que se maneja; esto puede ser diario, semanal o mensual de acuerdo al nivel de cambios que sufren los archivos y los sistemas. Puede hacerlo en diferentes "soportes" de almacenamiento, como cintas, discos rígidos o una computadora destinada sólo al back up. Y por último, establecer las políticas de acceso a sistemas y carpetas de archivos, otorgando permisos específicos de lectura, edición, actualización o eliminación de datos según el trabajo que realice cada usuario."

RED DE CONTACTOS, DIVINO TESORO

Al igual que la base de datos, la red de contactos no es algo que un agente de prensa puede generar de la noche a la mañana y, por ende, constituye uno de sus bienes más preciados.

Comenzar a tender una red de contactos implica básicamente empezar a hacer uso de nuestra base de datos. Eso, sin embargo, no excluye que podamos nutrir nuestra agenda de manera indirecta, por ejemplo, a través de reuniones sociales o relacionándonos con personas que se dedicaron a esta actividad y que pueden llegar a facilitarnos algún contacto específico.

Luego de conocer las distintas etapas que conlleva una campaña de prensa, sólo resta comenzar a trabajar. Por eso, en el capítulo siguiente nos dedicaremos a los aspectos que hay que considerar para armar un equipo de prensa eficiente.

La persona que hace de su vida un éxito es aquélla que está segura de sus metas y se dirige a ellas con firmeza. eso se llama dedicación.

Cecil B. DeMille

Cómo armar
un equipo de prensa

El agente de prensa, por lo general, empieza trabajando solo, pero en la medida en que el volumen de trabajo se acrecienta conviene evaluar la posibilidad de armar un equipo a fin de seguir progresando.

¿ESTOY CAPACITADO PARA LIDERAR UN EQUIPO?

Si usted piensa encabezar un equipo, lo primero que debe saber es que no todas las personas están capacitadas para llevar a cabo esa tarea. Hay individuos que se sienten más cómodos en el rol de colaborador, acompañando al que dirige, y hay otros que son líderes por naturaleza. Por eso, antes de encabezar un grupo es indispensable que se formule las siguientes preguntas:

- ¿En verdad reúno las condiciones necesarias para liderar un equipo?
- De ser así, ¿estoy dispuesto a asumir mi condición de líder con todo lo bueno y no tan bueno que eso significa?

Liderar un equipo, implica:
- Una gran dedicación.
- Mayores responsabilidades.

- Aprender a delegar y supervisar.
- Asumir riesgos.
- Tomar decisiones.
- Aprender a decir "No".
- Hacerse cargo de los éxitos y los fracasos.

> *El éxito de una organización es el resultado de combinar los esfuerzos individuales.*
>
> **VINCE LOMBARDI**

Para liderar un equipo, es indispensable disponer de una buena cantidad de horas diarias y estar dispuestos a destinarlas en forma exclusiva a las campañas de prensa que hemos asumido llevar adelante. Y como rara vez las cosas salen exactamente como las planificamos, también es necesario ser pacientes y muy flexibles. En esta profesión los problemas son una constante, siempre hay una variable que se nos escapa o algo que cambia. En consecuencia, es necesario saber adaptarse con rapidez a las nuevas circunstancias. Un buen jefe de prensa nunca debe perder el control. Ejercer este papel implica saber manejar psicológicamente las distintas situaciones que suelen presentarse, como por ejemplo sacar adelante un proyecto de un día para otro, las urgencias de los medios durante los días de cierre o la ansiedad del cliente por ver resultados.

> *Para guiar a la gente camina detrás de ella.*
>
> **LaoTse**

CÓMO SE COMPONE UN EQUIPO DE PRENSA

Un equipo de prensa consta de tres áreas:

- Producción periodística.
- Coordinación.
- Administrativa y contable.

El sector de producción periodística es neurálgico en este trabajo porque se encarga de detectar las distintas vetas periodísticas de un tema o producto y de conseguir que los medios se interesen en él.

Como ya dijimos, ninguna carrera universitaria o terciaria garantiza en un ciento por ciento estar capacitado para desarrollar esta tarea y, en general, quienes logran prosperar son aquéllos que combinan la curiosidad y rigurosidad del buen periodista, el "olfato" del productor periodístico y las dotes propias del relacionista público.

Para desarrollarse idóneamente en esta tarea, además, es importante dominar al menos un idioma alternativo al propio y ciertas herramientas de computación, como el manejo de Internet, correo electrónico, bases de datos, los programas más usuales de edición, saber cómo trabajar con imágenes y algunas nociones básicas sobre diseño.

Al margen de estas cualidades y conocimientos, en la selección de los profesionales con los que vamos a trabajar, también hay que tener en cuenta ciertas aptitudes personales.

- Tienen que ser individuos activos y con iniciativa propia.
- Deben saber trabajar en equipo.
- No es aconsejable que sean tímidos, porque la actividad los va a confrontar permanentemente con esa limitación.
- Deben saber expresarse y tener claro su rol de comunicadores tanto en la propia empresa como con los clientes y los medios.

El área de coordinación está a cargo de la logística. Es decir de la impresión, ensobrado, etiquetado y distribución de los distintos materiales de prensa —invitaciones, gacetillas, fotos y muestras de un producto—, como así también del armado de las carpetas de prensa tanto para los medios como para los clientes.

El área administrativa y contable, por su parte, tiene como función el seguimiento de los costos de las distintas campañas, su facturación y cobranzas. La cabeza del equipo debe manejar los presupuestos, aunque este departamento puede participar si hay que relevar costos para determinado trabajo o hay aspectos que implican costos internos.

De estas áreas descriptas, posiblemente la más numerosa es la de producción periodística, con cerca del 85 por ciento del personal, mientras que el 15 por ciento restante corresponde en partes más o menos iguales a coordinación y administración.

ARMANDO EL *DREAM TEAM*

Cuando se arma un equipo, un error bastante frecuente es creer que rodeándose de amigos o familiares el trabajo va a ser más eficaz. En algunas labores quizás esa estructura funcione, pero siempre existe el riesgo de confundir las relaciones. De modo que en tareas que exigen compartir muchas horas y en las que hay que aplicar parámetros de gran exigencia hacia la excelencia en el resultado, lo recomendable es buscar profesionales con experiencia y altamente capacitados.

La búsqueda debe apuntar a aquellas personas que tienen una llama interna, inquietudes, intereses que van más allá de la labor en sí, y que se enfocan en los resultados. Se trata de gente que siente el trabajo como su propósito, su misión. Esto hace que lo asuman con una dedicación y energía diferentes. La tarea de agentes de prensa no es administrativa y rutinaria, sino que exige saber amoldarse a situaciones cambiantes y consumir medios permanentemente. No sólo trabajamos durante el horario de oficina, sino también en nuestras horas libres cada vez que vemos, leemos o escuchamos medios, porque ellos son, ni más ni menos, que el contacto con el universo de nuestro quehacer diario.

Estas cualidades, que definen la personalidad de cada profesional de nuestro staff, se revela claramente en el trato con los periodistas, particularmente en el momento de interesarlos en generar contenidos sobre los proyectos para los que trabajamos.

Antes de armar un equipo, debemos tener claro el perfil de colaboradores que necesitamos, por ejemplo, sexo, edad, idiomas y nivel de experiencia. Resuelto esto, lo primero es solicitar antecedentes y poner plazo para su entrega. En una primera selección, los parámetros a tener en cuenta son:

- Cómo se presenta cada profesional a través de su curriculum vitae; incluyendo cómo están escritos y desarrollados.
- Las empresas en las que trabajaron y, dentro de ellas, en qué sectores se desempeñaron.
- Su permanencia en esas compañías, ya que si alguien trabajó para varias empresas en un mismo año, probablemente haya alguna dificultad.
- El chequeo de la veracidad de esos datos.

Se ajusten o no a nuestra búsqueda, es conveniente acusar recibo de cada curriculum, lo que se puede hacer a través de un breve e-mail. Nunca sabemos dónde trabajará esa persona en el futuro; tal vez sea un potencial cliente. Y, al recibir nuestra respuesta, probablemente jamás se olvide de nosotros.

El paso siguiente, siempre y cuando la cabeza del equipo disponga de tiempo, consiste en llamar personalmente a los aspirantes que superaron la instancia anterior. Esto permite evaluar cómo se expresan y desenvuelven telefónicamente y, por ende, llevar a cabo una segunda selección.

El proceso continúa con entrevistas personales. Para encontrar a la persona indicada, quizás sea necesario ver a docenas, razón por la cual convendrá no asumir otros compromisos para ese día u horario. Se aconseja citarlas con no menos de 30 ó 45 minutos de diferencia entre una y otra y ser puntual. Ésta es una regla de oro, ya que habla de respeto, consideración y valoración del tiempo personal, del otro y el nuestro.

En tanto anfitriones debemos propiciar que el entrevistado se sienta cómodo, lo que se consigue creando un clima de "confianza formal".

En estos encuentros tendremos que hacer uso de nuestro sentido común e intuición. Una forma concreta de medir la capacidad de un aspirante es pidiéndole una tarea concreta en un tiempo determinado y bajo ciertas pautas. La redacción de una gacetilla, por ejemplo, no sólo permite comprobar si escribe correctamente, sino también su caudal creativo, su velocidad de respuesta y su adaptación a los cambios. Después está nuestra capacidad para evaluar los lenguajes no verbales a través de su postura corporal, si mira o no a los ojos, si se sonroja o si le transpiran las manos. Ésos también son indicadores a considerar.

¿Cómo saber si alguien sabe trabajar en equipo? Para averiguarlo, existen dos alternativas. Una es realizarle un test y análisis preocupacional. Aunque, con el tiempo y la experiencia, si sabemos escuchar y observar, es factible detectar en el transcurso de una entrevista si sabrá desempeñarse en conjunto. A tal fin se le puede pedir que nos explique algún trabajo que haya realizado en grupo, y de su relato deducir si es idóneo o no. Obviamente, esa estrategia no es infalible, aunque brinda buenas chances de obtener información fidedigna.

En una primera entrevista no conviene hablar de salario ni de condiciones de contrato, sino indagar expectativas, intenciones y pretensiones. Esta ronda inicial nos servirá para hacer una nueva selección. A todos los que se presentaron habrá que decirles que, por sí o por no, la empresa se compromete a llamarlos en un plazo determinado. En tren de cumplir con nuestra palabra, no es necesario que uno mismo realice esos llamados. Puede hacerlos alguien de confianza de nuestro staff, agradeciendo siempre su participación.Cuando la respuesta sea negativa, se recomienda aclarar que eso no implica juicio alguno sobre sus habilidades, sino simplemente que hubo otras personas que, a príorí, se adecúan mejor al perfil buscado.

Luego tendremos que concentramos en una segunda entrevista con los aspirantes que mejor nos impactaron. A la o las personas seleccionadas hay que explicarles claramente sus tareas y responsabilidades, su sueldo y condiciones de trabajo. Comprobar si una elección fue correcta lleva como mínimo un mes. Por ende, al principio, se sugiere hacer un contrato temporal.

El primer día de trabajo deberemos mostrarle su ámbito, presentarle al resto del equipo, brindarle el mayor confort posible y todos los elementos que faciliten su inserción. Para amoldarse, una persona necesita al menos una semana. Por ende, en ese lapso, conviene ser muy precisos al solicitar una tarea: cómo la queremos, el plazo y, fundamentalmente, el objetivo final. Si somos claros al pedir, nuestras comunicaciones se vuelven efectivas y los resultados son usualmente los que necesitamos.

CÓMO ORGANIZAR EL ÁREA PERIODÍSTICA

Dentro del sector de producción periodística, hay distintas maneras de organizar el trabaje.

Algunas agencias cuentan con un equipo dedicado a la prensa gráfica y agencias de noticias, otro a la radial y otro a la televisiva. Otras, en cambio, trabajamos por proyectos, lo que implica dividirnos las campañas y mantener la globalidad de las mismas. Esto nos permite llevar el control del proceso y una compenetración total. Es importante fijar sistemas de reportes de cada trabajo, para el coordinador del equipo y los titulares de la empresa.

Distribuirnos los proyectos no significa trabajar aisladamente. Muy por contrario, por tratarse de una empresa abocada a la comunicación, cada integrante debe estar informado de todo el proceso. Esto se logra con alta efectividad a través de periódicas reuniones de staff donde se genera un mutuo enriquecimiento a partir de intercambio de ideas, objetivos, contactos y resultados.

Sin embargo esta modalidad no quita que haya ciertas especialidades. Por ejemplo, si alguien tiene mayor experiencia en el área de Información General porque proviene de la producción de un noticiero, convendrá que todo lo que tenga que ver con esa sección pase por sus manos. La idea es organizar los proyectos de manera tal que las personas puedan desarrollar sus potencialidades y se sientan cómodas.

Cuando un individuo tiene cualidades para una tarea específica pero le faltan otras, lo ideal es ponerlo a trabajar en lo que sabe y paralelamente asignarle otra tarea que le permita ir desarrollando nuevas habilidades, tal vez junto a un compañero probo en ese área.

LA DELEGACIÓN DE TAREAS

Delegar tareas no significa desentenderse del tema, sino marcar prioridades en función de un proyecto, compartir objetivos y establecer un sistema de tracking o seguimiento que nos permita estar al tanto del desarrollo de una campaña.

Aprender a delegar no es fácil. Como cabeza de un equipo, puede suceder que tengamos la tentación de chequear constantemente qué y cómo se hizo. Si elegimos a los profesionales adecuados se supone que debemos tenerles confianza y darles libertad para trabajar.

Existen varias maneras de llevar a cabo el proceso de seguimiento una vez delegada la tarea. Puede hacerse a través de reuniones o mediante un reporte escrito que refleje las acciones realizadas y los resultados obtenidos. En ambos casos, la periodicidad dependerá de las características y el tiempo que demande cada campaña.

¿Cuáles son las tareas que la cabeza de un equipo no puede delegar? Básicamente, la relación directa con el cliente y en particular todo lo referido a los aspectos empresariales, de estrategia y resultados. En cambio, sí se pueden delegar cuestiones operativas, como la coordinación de una entrevista o la solicitud de determinados materiales.

SOCIOS ESTRATÉGICOS

En el trabajo de prensa suele ocurrir que una agencia no logre abarcar todos los aspectos inherentes a una campaña. En esos casos, es habitual recurrir a un socio estratégico. Se denomina así a toda persona o empresa que de una forma u otra colabora con nosotros. Algunos de ellos son:

• Las distribuidoras de correspondencia.
• El responsable de una sala de conferencias; hoteles y salones en general.
• Las agencias de recortes (clipplng).
• Los servicios de monitoreo electrónico —radio, TV e Internet—.

También pueden ser colaboradores free-lance, a quienes a veces hay que acudir en función de un proyecto puntual. Por ejemplo, un diseñador gráfico, alguien que se dedique a duplicar CD's para armar un press-kit con información para la prensa o una persona que se encargue de hacer o atender llamados telefónicos para una convocatoria.

Socio estratégico también puede ser:

• Otro agente especializado en un tema que desconocemos, en el que no tenemos suficiente experiencia o para el cual, por cuestiones de tiempo, no podemos desarrollar los necesarios contactos. Un ejemplo de una campaña de prensa compartida con otro agente puede ser el lanzamiento de un servicio de blindaje de automóviles. El agente puede tener muy buenos contactos con secciones de Información General y Sociedad o Vida Cotidiana, a las que logre interesar a partir de la inseguridad reinante en las calles. O con las secciones de Negocios, a las que tal vez les importe el aspecto económico del emprendimiento. Pero si no dispone de los suficientes vínculos con los suplementos sobre Autos o Industria Automotriz de los medios abocados al automovilismo deportivo le convendrá buscar algún colega que le permita abarcar todas las vertientes periodísticas que brinda el tema.

- Un relacionista público que para un determinado evento, por ejemplo un desfile de modas, realice ciertas acciones de prensa, como la divulgación del acontecimiento a través de entrevistas o la distribución de informaciones.

En todos los casos, se trata de tareas complementarias, en las que cada uno maneja el área que le compete, sin perder de vista que estamos trabajando en función de un proyecto común. Compartir una campaña de prensa no es sencillo. Por ende, a la hora de elegir un socio conviene chequear acabadamente que comparta nuestra misma filosofía de trabajo y nivel de excelencia.

Cuando se trabaja en sociedad, hay que dejar de lado los celos profesionales. La relación debe basarse en la mutua confianza y en una correcta distribución de labores. En ese sentido, hay que evitar la superposición de llamados a un mismo periodista o sección, y que una gacetilla de prensa contenga varios teléfonos para solicitar información o confirmar la asistencia a un evento, ya que eso suele generar dudas o confusiones.

Otro aspecto a tener en cuenta en una campaña de este tipo es que siempre debe mantener el vínculo con el cliente quien consiguió el contacto. Aclarar esto con antelación, ayuda a preservar el trato con el cliente y con el eventual socio en función de futuros trabajos.

LA IMPORTANCIA DEL ÁMBITO LABORAL

Para generar un buen ámbito de trabajo, no sólo es necesario saber rodearse de la gente correcta. También es imprescindible contar con un espacio físico adecuado. Sobre todo, cuando se trata de una actividad que insume muchas horas diarias.

En un principio, esto significa que cada persona disponga de su propio escritorio, su computadora y su teléfono. Porque si a las presiones de esta profesión le sumamos una serie de incomodidades, estaremos atentando contra el correcto desempeño de nuestros colaboradores.

Propiciar que alguien se sienta cómodo en su trabajo implica además saber optimizar los espacios. En ese sentido, otros aspectos a tener en cuenta son:

- Las personas de una misma área deben compartir un mismo sector. Y no sólo por cuestiones operativas, sino porque contribuye a la retroalimentación y mejora la comunicación interna.

- La cabeza del equipo tiene que disponer de un espacio propio, pero a la vez integrado a las demás sectores.
- Es importante disponer de áreas de servicios — sanitarios, cocina, salas de reuniones— y recreación —patios, lugares para comer—.
- Por tratarse de una actividad con gran volumen de papeles es necesario contar con amplios archivos, clasificando el material de modo tal que resulte fácil de localizar y consultar.
- Es conveniente contar con luz natural y buena ventilación porque favorece el rendimiento laboral.

Conseguir armar un equipo de prensa y disponer de un ámbito idóneo para desarrollar este trabajo significa trazarse nuevos y más ambiciosos objetivos. Aunque sólo será posible alcanzarlos poniendo un gran esfuerzo y dedicación. Los resultados dependen de usted, porque en definitiva, cada uno es artífice de su propio destino.

En el siguiente capítulo conoceremos las herramientas necesarias para lograr una buena comunicación con los medios.

En el mundo de los negocios todos reciben su pago en dos monedas: efectivo y experiencia.
Reciba primero la experiencia; el efectivo vendrá más tarde.

Harold Geneen

La gacetilla
de prensa

La gacetilla de prensa forma parte del kit de materiales para dar a conocer un tema o producto ante los medios. En lo personal, prefiero denominarla "información de prensa". Aquí hablaremos de "gacetilla", debido a lo extendido que está el uso de este término entre el público, estudiantes y algunos profesionales.

El contenido de una gacetilla de prensa se basa en la información que fuimos recabando durante las charlas con el cliente y sirve para dar a conocer, desde nuestra propia perspectiva, lo que nos gustaría que los medios reflejaran sobre ese hecho. Eso, sin embargo, no significa que podamos decir cualquier cosa y de cualquier modo.

Realizar una gacetilla, antes que nada, implica dar a un hecho categoría de noticia y saber transmitir esa noticia con lenguaje periodístico.

CUÁNDO UN HECHO ES NOTÍCIA

¿Cómo darnos cuenta si un hecho es noticioso? Quizás, quien tiene algún conocimiento relacionado con la comunicación, encuentre un tanto obvia la respuesta a esta pregunta. Sin embargo, aquéllos que se acercan a esta profesión sin haber tenido contacto alguno con el periodismo deben saber que, para que un hecho adquiera categoría de noticia, tiene que reunir las siguientes condiciones. Debe ser:

- Novedoso.
- Interesante.
- Inédito.
- Verdadero.

Un hecho es novedoso cuando la mayoría de la gente no lo conoce, si no, no sería noticia.

Es interesante cuando despierta las expectativas de una importante cantidad de personas. No necesariamente las de la gran mayoría, sino de todos aquéllos que tienen alguna afinidad con la temática.

Es inédito cuando los medios aún no lo difundieron.

Es verdadero cuando se trata de algo que realmente existe u ocurrió.

CÓMO TRANSMITIR UNA NOTICIA

Si el hecho sobre el que estamos trabajando reúne estos requisitos, el paso siguiente es transmitirlo a los medios de manera clara y atractiva. Para eso, hay que seguir algunas normas que rigen al mejor periodismo moderno cuando su propósito es informativo. En esos casos, se aconseja empezar por el centro del tema, apresurándonos a responder los siguientes interrogantes en las primeras líneas o cabeza informativa:

- Qué pasó o va a pasar.
- Quién participó o participará.
- Cuándo pasó o pasará.
- Dónde pasó o va a pasar.

Según el caso, el ordenamiento de estas respuestas puede variar, aunque lo que nunca debe ocurrir es que estos datos no figuren al inicio del texto.

En los párrafos siguientes, si corresponde, hay que establecer:

- Cómo pasó o va a pasar.
- Porqué pasó o pasará.
- Para qué pasó o va pasar.

La respuesta a estos interrogantes y su correcta organización son la base para redactar cualquier noticia, sin caer en rodeos y ni larguezas.

Observemos un ejemplo: una persona que se lanza a hacer un trabajo de prensa sin ningún conocimiento de cómo transmitir a los medios la información del estreno de una obra de teatro independiente puede creer erróneamente que ésta es la forma correcta de hacerlo:

- Llegó la hora. Fueron muchos meses de ensayo, pero estamos convencidos de que valió la pena. El próximo sábado 5 de julio, los numerosos y entusiastas integrantes del grupo La Cofradía llevaremos a escena Un hombre singular, nuestra adaptación colectiva de El tío Vania, una de las obras más importantes del genial Antón Chéjov. Los esperamos éste o cualquiera de los viernes de julio y agosto, a las 21.30 horas, en El Galpón del Arte, ubicado al 2600 del Pasaje del Sol. ¡No se lo pierda!

Nuestra sugerencia profesional indica que será mejor decir:

- El próximo sábado 5 de julio, la compañía teatral La Cofradía estrenará Un hombre Singular, creación colectiva basada en El tío Vania de Antón Chéjov. La obra, que llevó seis meses de ensayo y cuenta con 15 actores en escena, se presentará todos los sábados de julio y agosto, a las 21.30, en el teatro El Galpón del Arte, Pasaje del Sol 2678.

El primer texto —"cabeza" en la jerga periodística—, a diferencia del segundo, contiene los siguientes errores:

- Carece de criterio periodístico. Hay que ir directo al grano, jerarquizando correctamente la información, lo que hubiese evitado que el qué, quién, dónde y cuándo queden dispersos en medio de una maraña de palabras.
- Incurre en palabrerío. Una frase no debe contener palabras innecesarias, ni un párrafo debe contener frases innecesarias. Esto no significa que todas las frases deban ser cortas, ni evitar los detalles, o tratar un tema superficialmente, sino que toda palabra tenga su importancia. La escritura periodística debe ser concisa, clara y vigorosa.

- Emplea de modo innecesario la primera persona del plural. Lo correcto es reservar este enfoque gramatical —en plural o singular— para aquello que sea absolutamente intransferible. Cuando el propósito de un texto es informativo, se debe escribir en tercera persona.

- Cae reiteradamente en vaguedad informativa. Siempre es preferible el dato concreto —seis meses de ensayo— a la imprecisión —muchos meses de ensayo—, que suele generar inseguridad y desconfianza.

- Abusa de la adjetivación. La ¡dea es que la información hable por sí misma, que el concepto llame la atención con sólo enunciarlo —15 actores en escena—, sin necesidad de decirlo con bombos y platillos —numerosos y entusiastas integrantes—.

- Aclara lo obvio. En determinados contextos, el lenguaje periodístico puede prescindir de ciertas palabras. Por ejemplo, si decimos que la obra se presenta a las 21.30, a continuación no es necesario escribir "horas".

- Confunde una pieza periodística con una publicitaria. Frases como "¡No se lo pierda!" son propias de un aviso publicitario y no funcionan en una gacetilla de prensa, ya que le restan credibilidad. Para comunicar algo a los medios, siempre es aconsejable la sobriedad.

CLAVES PARA UNA BUENA REDACCIÓN

Otras sugerencias para redactar una información dirigida a la prensa:

- Tener cuidado con la ortografía, incluida la acentuación, y con la puntuación.
- Armar las oraciones respetando el orden sujeto, verbo, más resto del predicado.
- No utilizar palabras rebuscadas. La riqueza de vocabulario no implica escribir "en difícil". El mejor aliado de un buen texto es siempre la simpleza.
- No cambiar arbitrariamente los tiempos verbales.

Ejemplo: Cuando su actuación llegó a su punto más alto, la platea estalla en un gran aplauso. Como el primer verbo está en pasado, el segundo debe decir "estalló".

- No escribir oraciones sin verbo.

Caso 1: Franco Miranda. Poeta y periodista. Esto es correcto para un texto literario o en una enumeración, pero en una gacetilla, cuyo propósito es siempre informativo, lo adecuado es redactar las oraciones coordinando sujeto, verbo y predicado: Franco Miranda es poeta y periodista.

Caso 2: El elenco, integrado mayoritariamente por actores novatos. Esto es gramaticalmente incorrecto porque la frase queda inconclusa. Debería decir: El elenco está integrado mayoritariamente por actores novatos o El elenco, integrado mayoritariamente por actores novatos, empezó a consolidarse con la llegada de un director de gran experiencia.

- Para unir oraciones, se puede recurrir a distintos tipos de conectores: y, además, también, asimismo, pero, aunque, no obstante, sin embargo, si bien, mientras, en tanto, etcétera.
- Respetar la concordancia entre sujeto y verbo, y sustantivo y adjetivo, tanto en género como en número.

Caso 1: La selección salió victoriosa, y a pesar de la hostilidad del público, dieron la vuelta olímpica. Es incorrecto porque "selección" es una palabra en singular, por lo tanto, corresponde escribir "dio".

Caso 2: Se trata de la primer cápsula del tiempo creada en el país. Es incorrecto porque a un sustantivo femenino —cápsula— le corresponde un adjetivo del mismo género: primera.

- No abusar de las subordinadas o incidentales porque complican la lectura.

Caso 1: El edificio, inspirado en un por entonces innovador proyecto del arquitecto Roberto Saavedra, quien lo había diseñado antes de cumplir 30 años, época en que la corriente tradicionalista, integrada por arquitectos formados a fines del siglo pasado, sostenía que... Es confuso porque hay una subordinada dentro de otra.

Caso 2: Cuando se sancionó la ley, promulgada entre gallos y medianoches junto a un centenar de proyectos, un grupo de manifestantes, integrado por distintas asociaciones ecologistas, estalló en una fuerte silbatina y bajó de las gradas para enfrentar al mentor de la norma, apodado "El sirviente de la corporación ballenera", que de inmediato abandonó el recinto. Es engorroso porque la misma oración incluye demasiadas subordinadas.

Caso 3: Esta obra, escrita hace ya medio siglo y que sobresale por retratar con gran fidelidad los problemas que enfrentaron los inmigrantes de habla no castellana para adecuarse al idioma y las costumbres de la sociedad porteña, marcó un antes y un después en la literatura costumbrista. Confunde porque contiene una incidental demasiado larga.

- Usar debidamente los gerundios.

Los gerundios sirven para expresar dos acciones simultáneas, por ejemplo: El directivo habló del blindaje de automóviles, relacionando el tema con la inseguridad callejera que impera en estos días.

También se emplean para construir frases verbales que indican continuidad de acción, como fueron saliendo. Pero es erróneo utilizarlos para dar ¡dea de consecuencia o posterioridad, por ejemplo: La nueva línea de perfumes se agotó rápidamente, dejando a los directivos de la firma muy conformes.

- No confundir el uso de los artículos determinados —la, el, los, las— con los indeterminados —un, una, unos, unas—.

Siempre es preferible definir de qué se está hablando. Por ejemplo, no es lo mismo decir: El premiado dramaturgo es oriundo de la localidad bonaerense de Mar del Plata, que: El premiado dramaturgo es oriundo de una localidad bonaerense. Aunque si se desconoce el nombre de la localidad —y en ese momento es imposible averiguarlo— o si esa localidad no fue mencionada en los párrafos anteriores—, debe decir "una localidad", no "la localidad".

• No usar paréntesis o guiones para encerrar frases muy largas.

Los paréntesis o entreguionados deben contener datos incidentales útiles al texto, pero si éstos superan las dos líneas o adquieren autonomía, hay que rehacer la frase, quizás dividiéndola en dos. La frase principal tiene que conservar su hilo semántico al final de los paréntesis o entreguionados como si éstos no hubieran existido.

• Evitar las redundancias como "completamente destruido", "historia pasada" o "grave peligro".
• Al referirse por primera vez a una persona, se debe mencionar su nombre y apellido; pero cuando éstos ya fueron dados, alcanza con el apellido.
• Escribir correctamente los nombres propios.
• No llamar "señor" o "señora" a las personas que se mencionan.
• En cambio, sí es necesario consignar brevemente el cargo

o función de las personas la primera vez que se hace referencia a ellas.

• No repetir con frecuencia una misma palabra o palabras que pertenezcan a la misma familia, como "producto", "producción", "productor" y "producido". La idea es procurar equivalentes al término ya empleado, buscando el más indicado para cada caso. En este sentido, el idioma castellano es sumamente rico. Sin embargo, en caso de no sentirse seguro, conviene recurrir a un diccionario de sinónimos. Sugerencia: tenga siempre uno a mano.

• Evitar las abreviaturas. Es preferible escribir "horas" que "hs.", "etcétera" que "etc.".

Además de contar con una amplia comprensión del tema, como ya consignamos en el capítulo anterior, a la hora de redactar un texto informativo, los mejores manuales de periodismo recomiendan:

• Aportar en cada oración un dato, y en cada párrafo, una idea. Esto ayudará a lograr un escrito informativamente rico y con coherencia conceptual.

• Releer y reescribir un texto cuantas veces sea posible, ya que la segunda versión seguramente va a ser mejor que la primera, y la tercera, mejor que la segunda.

Todo esto contribuirá a no complicarle la vida al lector —en este caso, al periodista al que le solicitamos que difunda nuestra gacetilla—, que cuando encuentra alguna dificultad en la lectura, por lo general, abandona de inmediato el texto y suele no retomarlo.

- Frecuentemente, cuando enviamos una información de prensa para chequeo del cliente antes de la circulación a los medios, regresa con múltiples cambios y acotaciones... en lenguaje publicitario. Quienes nos contratan, como hemos explicado anteriormente, en general ponen tanta pasión y entusiasmo en sus proyectos, que abundan en expresiones como "la mejor", "la más extraordinaria", "renombrada calidad", y otros adjetivos superlativos. Un típico ejemplo es la redacción de una sinopsis de un espectáculo teatral, escrita por su autor: suele ser tan confusa que, periodísticamente, es necesario que el agente de prensa le dé "una vuelta de tuerca" para que puedan comprenderse fácilmente los conceptos. Otros clientes tienden a personalizar reiteradamente con su nombre los textos que pretenden que se distribuyan a la prensa; incluso con adicionales de "declaraciones valientes" o "cartas abiertas" que, usualmente, en nada interesan a los periodistas y medios; o el agregado de interminables antecedentes personales cuando esa información no es relevante o apropiada en esta instancia. En estos casos, de una forma sutil aunque firme, hay que negociar con el cliente los mejores recursos a aplicar, debido a que de este material depende, en gran parte, el éxito o fracaso de nuestra gestión de prensa. Por el contrario, en más de una ocasión se nos solicita redactar informaciones a la prensa en base a informaciones sumamente precarias —a veces sólo una frase dicha al pasar, en una conversación telefónica—, que, para el cliente, encierran gran importancia y valoración, aunque periodísticamente son pobres. Es necesario insistir hasta obtener más detalles.

CÓMO TITULAR UNA GACETILLA

En periodismo existen distintos modos de titular, aunque para un texto informativo —como las gacetillas— lo más habitual y atinado es que el título refleje directamente la noticia, lo que se consigue dando respuesta al "qué pasó o pasará".

El título es algo así como el cartel de venta que se coloca sobre un texto, por lo cual debe ser claro y, en lo posible, atractivo. Para su redacción, hay que usar un cuerpo de letra mayor que el del resto de la gacetilla.

Un título puede llevar como complemento una volanta y una bajada o copete.

La volanta se escribe sobre el título y su función es aportar algún dato importante que se desprenda de lo dicho en el título. Se usa un tipo de letra más pequeño que el del título y, por lo general, en mayúsculas.

La bajada o copete se ubica por debajo del título y, sin reiterar los datos ya informados en título y volanta, termina de resumir el contenido de la gacetilla. Se puede con un cuerpo de letra similar al de la volanta, aunque en minúsculas.

Una forma correcta de titular la cabeza informativa de una gacetilla podría ser:

VOLANTA:
UNA ADAPTACIÓN DE TÍOVANIA, DE ANTÓN CHÉJOV
TÍTULO:
Se estrena Un hombre singular
BAJADA:
El grupo La Cofradía presenta su nueva creación colectiva el sábado 5 de julio en El Galpón del Arte. La pieza demandó seis meses de ensayos y cuenta con 15 actores en escena.

Como vemos, para lograr la atención de la prensa no sólo es necesario que una gacetilla esté bien escrita. También requiere de una estructura gráfica clara y sobria. De ahí que no sea conveniente usar distintas tipografías, tamaños de letras ni colores. Para diseñar una gacetilla tal vez convenga trazar un paralelismo con el patrón editorial de un diario o una revista, que para formar su identidad respetan a rajatabla una serie de reglas relacionadas con lo visual.

Delinear nuestro propio patrón, crear lo que las empresas llaman identidad corporativa, además, puede ser una buena estrategia para que los periodistas empiecen a identificarnos, algo fundamental en la evolución del vínculo del agente de prensa con los medios. En algunos casos se aplicará el logotipo del cliente o producto en tamaño adecuado, a modo de membrete, en cada página de información.

En función de esta relación, también es indispensable incluir al final de la gacetilla nuestro nombre y apellido, teléfono, correo electrónico y página web a fin de que, llegado el caso, los medios nos ubiquen fácilmente. No es conveniente poner un número telefónico donde sólo puedan encontrarnos en determinados días u horarios. Quien se vuelca a esta profesión debe tomar conciencia de que está brindando un servicio y, por ende, tiene que estar siempre disponible. Por eso, además de un teléfono de línea, se aconseja agregar el número de un celular. Y no olvidar que cuando no se está disponible, hay que dejar activado el contestador automático.

El genio es 1% de inspiración y el 99% de transpiración.

Thomas A. Edison

EL COMUNICADO DE PRENSA

La gacetilla no es el único instrumento del que dispone el agente de prensa para ponerse en contacto con los medios. También está el comunicado, que se diferencia de la anterior por su impronta imperativa, por la necesidad de que su contenido sea publicado con urgencia.

¿En que casos conviene recurrir al comunicado para actualizar una información periódicamente, para informar el cierre de una empresa , para difundir un parte medico o para una aclaración o toma de posición sobre un hecho puntual, por ejemplo una desmentida o desacuerdo con algo que se dijo o que salir publicado.

Por sus propias características, es muy común que el comunicado contenga declaraciones, cosa que en la gacetilla no es tan frecuente.

En la mayoría de los casos, lo que se informa en un comunicado tambien se puede difundir a través de una solicitada de prensa, pieza en la que agente no tiene gran injerencia, ya que suele involucrar a otras de una empresa como la jurídica y la comercial. La primera interviene para resguardar a la empresa de posibles demandas, y la comercial, porque — al igual que los avisos publicitarios- se trata de un espacio pago, con la particularidad de que requiere de la firma y la presentación del documento del responsable de su contenido. De todas formas, como comunicadores, a veces, se pide a los agentes que colaboren en su redaccion.

Nada hay tan veloz como una calumnia.
Ninguna cosa es más fácil de aceptar, ni más rápida de extenderse.

Cicerón

LA SEGMENTACIÓN

En términos generales, cuando se distribuye información a los medios, se comienza trabajando con un mismo material. Luego, es muy frecuente el envío de datos adicionales. El material de base tiene que contener lo elemental, el "abe" del tema sobre el que se está trabajando. La información complementaria, en cambio, debe elaborarse según las características y necesidades de cada destinatario. Esta tarea guarda relación directa con la segmentación de medios que el agente debe realizar antes de emprender una campaña.

Segmentar significa dividir el mercado en porciones menores de acuerdo con determinadas características que sean de utilidad al agente de prensa para cumplir con sus planes. La segmentación del mercado permite optimizar los esfuerzos en el segmento elegido y facilita su conocimiento.

En este proceso no sólo es importante saber a qué medios hay que dirigirse sino a qué secciones dentro de cada medio y dentro de cada sección a qué periodistas. Es que por tratarse de algo específico, el mensaje a comunicar, lógicamente, no despertará el interés de todos los medios y periodistas, sino de algunos.

¿Qué elementos suelen formar parte del material adicional? Entre los más comunes están:

- Los antecedentes personales de los involucrados, si aportan datos relevantes para el tema.
- Cifras y datos estadísticos.
- Infografías y demás gráficos de apoyo a la comprensión de la noticia.
- Ilustraciones complementarias.
- Información internacional sobre el tema en cuestión.

Si estamos trabajando en base a un espectáculo cuyo elenco no es conocido pero sí el director, alcanzará con enviar una gacetilla estándar al periodista que arma la agenda. Pero si nuestro objetivo de máxima es que el medio vaya a ver la obra, tendremos que adosar, para el crítico, un curriculum del director que detalle las principales obras que dirigió y los premios que obtuvo.

Si la campaña es sobre una nueva empresa dedicada al blindaje de autos, accederemos a la secciones Información General e Industria Automotriz fundamentalmente a través de las particularidades del servicio para prevenir la creciente inseguridad en la calles y sus costos. Eso, sin embargo, no va a ser suficiente para acceder a la sección Economía y Negocios, donde los números son mucho más importantes.

Por lo cual, además, deberemos adjuntar datos acerca de la inversión de la compañía y su crecimiento desde su instalación hasta el presente.

Trabajando en la difusión periodística de un congreso sobre temas jurídicos, los trabajos de segmentación que realizamos fueron:

- Divulgación de una primera información a nivel masivo para comunicar la realización del congreso. El fin fue acceder a personas que pudiesen interesarse en el tema, más allá de jueces y abogados, como estudiantes, asistentes de estudios jurídicos y juzgados, y mediadores en distintas disciplinas.

- Generación de los mismos contenidos pero en forma segmentada —con información en lenguaje profesional— para medios del sector. Por ejemplo, diarios, revistas y newsletters electrónicos que circulan entre abogados.
- Refuerzo de la divulgación del día de inicio del congreso en secciones de Agenda en fechas próximas a su realización. Simultáneamente, respaldamos la difusión con entrevistas en radios.
- Crear interés en los medios para entrevistar a una personalidad relevante invitada al congreso. Por ejemplo, una autoridad en una temática de impacto mundial como la Mediación Comunitaria. De esta forma, pudimos incluir la realización del congreso en secciones de Información General.
- Interesar a corresponsales extranjeros, ante la visita de figuras relevantes de otros países.
- Acción de relaciones públicas con la prensa, descubriendo periodistas que, a su vez, son abogados. Aunque éstos no trabajaran en secciones afines a la temática, probablemente les interesara acceder a la información del congreso.
- Acreditar periodistas para el congreso, interesándolos en realizar coberturas para sus respectivos medios.
- Distribuir una comunicación posterior al congreso con los resultados obtenidos. Por ejemplo, acuerdos logrados, síntesis de conferencias que pudiesen ser noticia, fotos de personalidades que asistieron, estadísticas de concurrencia, etcétera.

Como vemos, las posibilidades se multiplican al implementar el plan de prensa y utilizar nuestro máximo caudal creativo.

Ahora bien, ¿siempre es necesario segmentar? Si hablamos de medios, la respuesta es sí, ya que es imposible que una noticia despierte el interés de la totalidad de la prensa. Incluso, tratándose de un tema de rigurosa actualidad. En cambio, si hablamos de tipos de contenidos, es probable que haya casos en que segmentar no sea necesario. Un ejemplo puede ser el nombramiento del nuevo presidente de una compañía, noticia que tendremos que difundir mediante un comunicado, fotografías profesionales de excelente calidad y el curriculum abreviado del ejecutivo.

La palabra es, a veces, plata. El silencio, siempre es oro.
Antes de decir inexactitudes o tonterías, vale más callar.
joseph Pulitzer

ELEMENTOS COMPLEMENTARIOS

El klt de materiales que conforman una campaña de prensa no sólo se compone de piezas escritas. Los elementos complementarios más usuales son:

- La fotografía.
- El video.
- El compact disc (CD).

¿Por qué son importantes estos elementos? Básicamente, porque la repercusión de un texto acompañado por una foto, o una nota radial con música, o un comentario en televisión con inserción de imágenes, va a ser mayor que si sólo enviamos una gacetilla o comunicado.

En periodismo, la fotografía sirve para documentar un hecho. Pero además cumple una función estética, por lo que también debe contar con algún atractivo artístico. De hecho, una buena foto puede ser la "carta salvadora" de una acción de prensa complicada. Y también hay casos de campañas eminentemente visuales, en las que el material fotográfico tiene un peso aún más importante que lo escrito —por ejemplo, en los lanzamientos de colecciones de moda—. De todas formas, la foto periodística debe ir acompañada por un mínimo de información escrita. Una foto sobre un evento, por ejemplo, debe contar con un texto o epígrafe que diga quiénes aparecen en ella y dónde se celebró la reunión.

Cuando se envía material digitalizado a los medios, el nombre de cada uno de los archivos adjuntados debe indicar claramente de qué trata cada foto, por más que esto aparezca aclarado en el texto del e-mail. De esta forma contribuiremos a que una foto no se publique con un epígrafe equivocado, cosa que sucede con cierta frecuencia, ya que los periodistas a los que remitimos el material no se encargan del diseño gráfico y diagramación de sus notas. La identificación clara también nos ayudará a clasificar correctamente las fotos en nuestro propio archivo, sobre todo, cuando contamos con varias tomas de una misma persona. En estos casos convendrá nombrarlas de la siguiente manera: "Juan Pérez cuerpo entero", "Juan Pérez de frente" y "Juan Pérez sentado con marca de fondo". El uso de acentos u otros símbolos, como comillas, suele estar restringido al titular fotografías en sistemas informáticos, lo que varía de acuerdo al tipo de tecnología disponible.

Con el archivo de gacetillas pasa algo similar. Nunca hay que guardarlas con el solo nombre de "gacetilla de prensa" o "información de prensa" porque luego va a resultar imposible diferenciar una de otra. Lo ideal es que el nombre incluya alguna referencia concreta. Tampoco sirve ponerle el nombre del cliente, porque si volvemos a trabajar con la misma empresa será complicado identificarlas.

Al igual que con lo escrito, la fotografía también permite hacer un trabajo de segmentación. Si el producto con el que estamos trabajando es un nuevo jamón serrano, el tipo de imágenes que enviaremos a la sección Economía y Negocios obviamente no va ser el mismo que mandaremos a la sección Gourmet. Por ejemplo, para la primera, serán necesarias distintas tomas del frigorífico que lo produce; en cambio, para la segunda, utilizaremos varias tomas del jamón servido en un plato.

El video, como la fotografía, debe estar realizado profesionalmente, lo que no sólo implica una excelente calidad de imagen, sino también muy buen sonido. Su uso más frecuente, obviamente, está relacionado con los medios audiovisuales y, en general, se trabaja con videos institucionales, aunque otras veces deben ser elaborados ex profeso.

Para difundir una obra de teatro o un show musical, por ejemplo, será necesario hacer un compacto de pocos minutos con las escenas más atractivas en formato Betacam SP o digital, que son los más usuales en televisión.

Sin embargo, el video también puede ser empleado como material de prensa para los medios gráficos. Por ejemplo, si el fuerte de una obra es el vestuario y la iluminación, una reseña en VHS que resalte esos aspectos puede servir como elemento de motivación para el crítico al que hemos invitado. El mismo formato será de utilidad para enviar un video institucional sobre una empresa, como información para el periodista gráfico.

El CD de audio, por lo general, se utiliza en las campañas de prensa de discos u otras manifestaciones artísticas que tengan música original, como una obra de teatro o una película. En esos casos el envío no debe restringirse a los críticos especializados, sino que también puede incluir a los conductores de programas de radio, para acrecentar su difusión. También se pueden utilizar CD Roms, que contienen textos, fotografías, segmentos de video, todo en un solo soporte. Se recomienda agrupar la información grabada en estos CD's en carpetas separadas de acuerdo a los tipos de materiales; y siempre en programas y formatos fácilmente ejecutables.

NUESTRA IDENTIDAD:
CÓMO CREAR UNA MARCA

Otro aspecto importante es la creación de una marca que sirva de referencia para los medios a partir que comenzamos a realizar trabajos de relaciones con la prensa. Y este proceso se inicia con el nombre que le vamos a dar a nuestra empresa.

Usar nuestro nombre o uno de fantasía es una elección muy personal. Aunque, a mi modo de ver, optar por nuestro apellido marca una diferencia importante. Esto, de alguna manera, acrecienta nuestra responsabilidad. Es como poner en juego nuestro propio honor. Y si bien conlleva mayores riesgos, suele generar una mayor valoración, tanto de la prensa como del cliente.

De todos modos, la consolidación de una marca o sello es algo que llega con el tiempo. Así y todo, hay una serie de claves que conviene tener en cuenta desde el comienzo.

- Como ya vimos, la forma de presentar los materiales de prensa es una clara oportunidad para que los periodistas empiecen a identificarnos. Desde los contenidos específicamente periodísticos, hasta el sobre o carpetas que los contienen.
- También contribuye el hecho de ir especializándonos en determinadas temáticas como, por ejemplo, el área de la salud, empresas, consumo masivo, deportes o espectáculos.
- Sobre todo en los inicios, si encabezamos un equipo, también es importante reservarnos el contacto con los periodistas. Luego, en las cuestiones del día a día, esta tarea pue-

de delegarse a algún colaborador, porque el paso del tiempo hará que lo identifiquen como miembro de nuestro staff y, por lo tanto, igualmente confiable.

- Otro aspecto a tener en cuenta es la habilidad para construir redes, como se explicó anteriormente. Es decir, desarrollar nuestras relaciones con los medios sin molestar, sin invadir, porque ser muy insistentes puede resultar contraproducente.

En este capítulo hemos reseñado los secretos para lograr una fluida comunicación con los medios. Sin embargo, la mayor dificultad puede ser cómo acceder a ellos, captar su atención e interés. De esto trata el próximo segmento.

Avanzar juntos, contribuir juntos.
Trabajar juntos: triunfar juntos.

Anónimo

Cómo acceder
a un medio

Antes de tomar contacto con la prensa, es necesario tener real conciencia de lo que significa un medio periodístico. Un medio es, antes que nada, una empresa, y como tal está sujeta a una serie de variables económico-empresariales que la obligan a generar recursos genuinos dentro de un mercado compuesto por competidores directos e indirectos.

En el caso de un diario de alcance nacional, por ejemplo, su competencia directa la integran no sólo los demás diarios de gran circulación, pagos o gratuitos, sino también los que se editan en las distintas provincias. Mientras que sus competidores indirectos son los demás medios de comunicación —revistas, radios, televisoras y medios digitales como newsletters electrónicos y páginas en Internet— que conforman el mercado.

Además de saber qué es un medio de comunicación, es también importante conocer quiénes lo integran, qué lugar ocupa en el contexto empresarial de su país y si tiene alguna participación accionaria en otros medios menores o en otros negocios no necesariamente relacionados con el sector. Todo eso es información estratégica que un agente de prensa debe conocer, porque estas variables suelen influir en el resultado final de algunos trabajos.

Obviamente todo depende de la dimensión del proyecto en el que estemos involucrados. Por más que en una primera instancia sólo se pueda acceder a acciones de prensa "chicas" es conveniente ir familiarizándose con estas variables, ya que en otro tipo de instancias suelen jugar un papel crucial. Por ejemplo, si estamos trabajando con una figura de un canal de televisión ligado comercialmente a un diario y a una radio, es probable que eso nos dificulte llegar a algunos medios de la competencia.

La forma más directa para empezar a informarse sobre quién es quién en el mercado periodístico es consumir medios. Aunque también se puede obtener información a través de los mapas de medios que se publican anualmente y que, a la manera de un árbol genealógico, detallan todos los cruces de las principales empresas periodísticas que operan en un país.

CÓMO ESTÁ ORGANIZADO UN MEDIO

El esquema organizativo de una empresa periodística varía según se trate de un medio gráfico, un canal de televisión, una radio, agencia de noticias o Internet. En términos generales, todas cuentan con dos áreas bien diferenciadas:

- Periodística.
- Empresarial.

Un agente de prensa debe conocer personas en ambos sectores porque si bien su contacto cotidiano se realiza con los editores y redactores, las grandes decisiones —por ejemplo, divulgar una noticia de alto impacto— a veces no pasan por los periodistas sino por el área empresarial.

A modo de ejemplo, veamos la forma en que está organizado un diario. Integran el sector empresarial:

- El dueño —puede ser un grupo empresario—.
- El presidente.
- El director ejecutivo.
- El director comercial.
- El director de circulación.

En tanto que el área periodística está conformada por:

- El director editorial.
- El consejo editorial —no todos los medios lo tienen y su función es asesorar a la empresa periodística, no sólo a una publicación—.
- El director de cada medio.
- El jefe de redacción.
- El editor general.
- Los editores de sección.
- Lo subeditores.
- Los redactores.
- Los cronistas.
- Los colaboradores.

Dentro de este esquema hay también periodistas que se dedican a determinadas temáticas o especialidades como la entrevista, que es un género que no todos desarrollan.

Además, hay otras dos áreas complementarias a la periodística: la de arte, que se dedica al diseño y diagramación del medio, y la fotográfica, que está abocada a la producción de imágenes que retratan los contenidos periodísticos o a generar fotografías que son noticias en sí mismas.

El agente de prensa no siempre tiene trato directo con el departamento fotográfico. En América Latina cada vez son menos los medios gráficos que disponen de gran cantidad de reporteros gráficos. Por eso en muchos casos utilizan el material que les suministra el agente de prensa, que por lo general, está libre de derechos de créditos; es decir que no existe la obligación de poner el nombre del autor de la toma. Sin embargo, otras veces, los medios tienen interés en realizar sus propias producciones. En esos casos el trabajo se coordina con el jefe de fotografía, quien asigna la tarea a un reportero gráfico y, usualmente, a un productor fotográfico, que se encarga de dar a la producción un estilo acorde al tema de la nota.

En radio y televisión, el esquema es más sintético. Los programas de TV tienen un conductor—que si es periodista, quizás también sea el dueño de la idea—, un productor general, un productor ejecutivo y un productor periodístico, del que dependen los productores, los asistentes y los meritorios o pasantes, que en general acaban de recibirse o están a punto de egresar de la carrera de Periodismo o de Ciencias de la Comunicación.

En los ciclos radiales el equipo es aún más acotado, ya que sólo consta de un conductor, un productor general y sus asistentes. Además, ambas estructuras suelen contar con cronistas o periodistas en unidades móviles —conocidos como "movileros"—, que también responden a las órdenes del productor periodístico.

El esquema de los sitios y portales de Internet es similar al de los medios gráficos, aunque mucho más reducido, no sólo porque generan menos contenidos diarios, sino porque suelen tener acuerdos de complementariedad con otros sitios, de los que toman información. Aquí hay un jefe para cada sección y un pequeño grupo de redactores en cada una de ellas. En muchos casos trabajan en forma virtual, utilizando el correo electrónico, y no es necesario que estén en una redacción.

Todos navegamos en el mismo barco, a veces en medio de un mar tormentoso, por lo que nos debemos mutuamente una enorme lealtad.

G. K. Chesterton

EL ENVÍO DE INFORMACIÓN

Se puede optar entre diversas alternativas para acercar información a los medios. Al principio, tal vez convenga hacer la distribución en forma personalizada, ya que nos puede brindar la posibilidad de presentarnos personalmente y entregar el material en mano. Sin embargo, ésta no es una tarea sencilla, ya que los periodistas disponen de poco tiempo para recibir visitantes y, por ende, suelen pedir que les dejen el material en la mesa de entrada. Así y todo, a veces es factible intercambiar algunas palabras por teléfono desde la propia recepción, oportunidad que hay que aprovechar para introducirlos brevemente en el tema.

Actualmente, la forma más usual de vincularse con los medios es a través del correo electrónico. Sin embargo, es tanta la información que circula por esta vía que hay que tener mucho cuidado con la forma en que se la presenta. Un aspecto clave es el texto que se coloca en el "asunto-/subject" del e-mail, ya que de él dependerá que nuestro mensaje no pase a formar parte de la catarata de correos que son descartados sin siquiera ser abiertos. Aquí, una vez más, sugerimos actuar con criterio periodístico, usando ese espacio para informar claramente el tema de nuestra campaña de prensa.

Como se comentó en capítulos anteriores, en este tipo de envío es también importante no mandar e-mails muy pesados, con gran cantidad de imágenes adjuntas ni sonidos incorporados. En un envío general, lo recomendable es mandar el mensaje con texto plano, de forma tal que pueda ser leído fácilmente en cualquier formato y computadora.

Hay que tener en cuenta que al recibir documentos adjuntos, el destinatario tiene un doble trabajo: abrir el e-mail y después el archivo, por lo que se reducen las posibilidades de que lo lea. La cosa cambia cuando se nos solicita material específico. Ésa es una buena oportunidad para enviar archivos adjuntos, ya que el periodista está en actitud receptiva.

La información también se puede enviar mediante una empresa de distribución de correspondencia personalizada —moto, bicicleta, radiotaxi, correo privado—, con la que se puede llegar a algún acuerdo económico especial porque los recorridos serán medianamente fijos. En este caso, es fundamental contar con la posibilidad de chequear que el material haya arribado a destino, mediante una planilla o recibo. Pero como el envío llega a la mesa de entrada, eso también obliga a hacer un llamado telefónico para terminar de asegurarnos de que la correspondencia está en manos de quien queríamos.

Cualquiera sea la forma de envío, la recomendación es: nunca ser invasivo. Algunos agentes de prensa consideran que esta tarea consiste en mandar una misma gacetilla o comunicado indiscriminadamente a todo tipo de medios y periodistas y en reiteradas ocasiones, pero la experiencia indica que esta modalidad es altamente contraproducente. Por igual razón, tampoco conviene enviar material a domicilios particulares ni e-mails personales sin la anuencia del destinatario.

LLAMANDO A UN MEDIO

En ocasiones —sobre todo, en los inicios en esta profesión— un agente de prensa tiene que llamar a un medio sin tener ningún dato respecto de la persona que necesita ubicar. En esos casos, conviene llamar al conmutador y solicitar que nos comuniquen con la sección afín al tema con el que estamos trabajando. Por lo general, quienes atienden el conmutador en el horario de mayor

actividad de un medio suelen estar suficientemente familiari-
zados con la tarea que desempeña cada periodista porque, en
su labor de derivar llamados, coparticipan desde su lugar en el
proceso de producción de contenidos.

Pero, ¿siempre es necesario un llamado telefónico para chequear que el material fue recibido? Cuando divulgamos una
información de alto impacto, la respuesta de los medios es inmediata. En cambio, si estamos trabajando con un tema que al
medio le resulta indiferente, es imprescindible un seguimiento.

> *Lo bueno, si breve, dos veces bueno.*
>
> **Dicho popular**

Cuando nos comunicamos por teléfono con un medio, en-
tran en juego dos cualidades esenciales en todo agente de prensa:

- Su habilidad como relacionista público.
- Su capacidad para exponer el tema de manera breve y
atractiva.

Antes de hacer un llamado, es fundamental tener absolutamente claro qué vamos a decir y cómo vamos a transmitirlo. Lo
primero requiere preparar un speech o pequeño discurso, que
no siempre funciona igual ante todos los medios y personas. En
las primeras etapas en esta actividad, quizás no estemos capacitados para elaborar diferentes discursos, pero en la medida en

que vayamos adquiriendo experiencia es conveniente adosar a cada speech elementos diferenciales acordes a las necesidades e intereses particulares de cada medio o periodista.

Al transmitir un mensaje, la voz y la forma de expresarse también juegan un rol importante. Y si el periodista no nos conoce, el desafío es doble. Sea como fuere, hay que tener en cuenta que hablar poco o en exceso, no saber salir del paso ante una pregunta importante o trabarse, va a dar idea de insolvencia y probablemente repercuta en el resultado final de nuestro trabajo.

Debemos mostrarnos seguros y competentes, sabiendo canalizar los pedidos que nos hacen en tiempo y forma, y de esa manera ir transformándonos en una fuente de información confiable. A la larga, esto da resultado. De manera que, cuando volvamos a llamar a un periodista, ya no será necesario dar tantas explicaciones. Simplemente alcanzará con chequear si recibió el material que le enviamos y, a lo sumo, acordar una nueva comunicación para que nos conteste si el tema le interesa o no.

En algunos casos, son los propios periodistas quienes llaman para que les facilitemos determinado contacto o para solicitarnos información sobre algún tema que ya hemos trabajado. Ellos aprecian, sobre todo, tres cualidades: la verdad, la velocidad de respuesta y que se le faciliten los canales de acceso a la información. Esto sólo se logra a fuerza de ser consecuentes con nuestro trabajo y haber procedido siempre de manera ética.

CÓMO MANEJARSE CON DATOS CONFIDENCIALES

Ese cambio en la relación periodista y el agente de prensa también suele manifestarse en otros aspectos, como el acceso al teléfono particular o al e-mail personal de un editor o redactor.

En esos casos, es fundamental ser conscientes de que estamos manejando información reservada, sensible, y que es producto de una relación que llevó mucho tiempo cultivar. Y como todo dato confidencial, no se puede divulgar de manera indiscriminada. Ni siquiera entre colegas que no sabemos cómo trabajan. Asimismo, tenemos que ser conscientes de utilizar esos datos sólo en casos absolutamente imprescindibles o por expreso pedido del periodista.

Tampoco debemos confiar en el offthe record: la experiencia indica que la información que compartimos será divulgada de inmediato, aduciendo "fuentes confiables".

EL SENTIDO DE LA OPORTUNIDAD

Cuando se llama a un medio, hay que ser muy cuidadoso con el momento en que se decide hacerlo. Por ejemplo, si usted se comunica con la producción de un programa de radio o televisión mientras se está emitiendo, es muy poco probable que lo escuchen con atención. Salvo que ofrezca una información de interés público y que pueda convertirse en un factor diferencial en términos de audiencia.

Lo mismo pasa con los medios gráficos. En el caso de los diarios, que tienen cierres cada jornada, convendrá llamar en los momentos de menor actividad, que en el caso de los matutinos es alrededor de mediodía o a primera hora de la tarde, y en los vespertinos, a media mañana.

CÓMO PROFUNDIZAR EL TRATO PERSONAL

Como ya dijimos, por cuestiones de tiempo, el contacto cara a cara con los periodistas es bastante restringido. En general, la gente de los medios prefiere relacionarse por teléfono. Sin embargo, los agentes de prensa pueden generar situaciones que redunden en favor de un trato más personalizado.

La más frecuente de esas modalidades es la conferencia de prensa, para la que se suelen preparar materiales un poco más elaborados que una simple gacetilla, y que sirve como introducción al tema que se va a tratar en esa presentación. Abordaremos detalladamente este aspecto en el capítulo siguiente.

Si necesitamos generar un acercamiento más íntimo, por ejemplo, entre el gerente de una empresa y los medios, también se puede invitar a los periodistas a visitar la empresa o a recorrer la planta industrial con la excusa de un desayuno de trabajo o un almuerzo, siempre generando una noticia como motivador de interés.

Todos estos casos son una buena oportunidad para entablar nuevos contactos y fomentar los que ya teníamos, situación que no sólo va a repercutir en favor de la prensa que estamos haciendo sino también en función de futuros trabajos.

LAS PRIMICIAS

En ciertas ocasiones, cuando disponemos de información relevante, podemos manejar el concepto de "primicia" con ciertos medios, que pueden funcionar como disparadores para que otros se hagan eco de la noticia. Por lo general, las primicias se manejan con un solo medio, que tiene la prioridad, preacordada, de dar a conocer ese contenido. Se trata de un proceso de negociación en el que, desde nuestro rol de jefes de prensa, tenemos que respetar a rajatabla lo acordado, ya sea verbalmente o por escrito.

Usualmente, cuando damos prioridad a determinado medio, podemos pactar alguna condición ventajosa respecto de la forma en que el material será comunicado —por ejemplo mayor cantidad de espacio, si será tapa, fecha específica de aparición, inclusión de información adicional, etcétera—.

El manejo de primicias es un aspecto muy sensible en la relación con la prensa; el medio elegido puede ver esta acción como una ventaja, mientras que su competencia, generalmente, lo siente como una afrenta, ya que "los hemos dejado de lado".

Es conveniente ser sumamente cuidadosos a la hora de acordar primicias con los medios, respetando nuestra palabra, compromisos, y postura ética en el tratamiento de la noticia. Del mismo modo, hay medios que son respetuosos con los acuerdos asumidos; aunque otros no siempre los cumplen.

- Recuerdo el caso en que ofrecimos como primicia, a un semanario de actualidad de gran impacto masivo, la cobertura, en exclusividad, del lanzamiento de una campaña gráfica en la que participaba una diva del espectáculo, por primera vez en su rol de modelo publicitaria. Tras acordarse una columna especial donde se describían los atributos del producto de la campaña, la revista no cumplió lo acordado, y sólo se limitó a mencionar la marca en cuestión al final de la nota —de cuatro páginas, con fotos exclusivas provistas por nosotros—, con un diminuto agradecimiento. Además, pese a las promesas, no hubo posibilidad de lograr revertir ese incumplimiento con, por ejemplo, un contenido adicional en ediciones posteriores.

Del mismo modo, debemos ser conscientes de cómo repercutirá esta primicia en el resto de los medios, y ofrecer soluciones alternativas creativas a la competencia; por ejemplo, otro tipo de coberturas diferenciales y que constituyan una ventaja competitiva periodística real, que favorezca la difusión de la misma noticia, con otro enfoque.

El tacto, la mesura, la ética y la claridad en la comunicación son cuatro claves importantes en la negociación de primicias con los medios.

Estamos en una época en que las relaciones mueven al mundo. expándase más allá de su zona de comodidad, innove, atraviese los límites, explore y experimente. Generará más y mejores resultados en menos tiempo.

Daniel Colombo

Con este capítulo, usted ya dispone de las herramientas necesarias para abordar a los medios. La etapa siguiente implica saber cómo lograr una convocatoria exitosa, aspecto al que nos dedicaremos a continuación.

Cómo organizar una conferencia, lanzamiento o estreno: El día D

Se trate de una conferencia de prensa, un lanzamiento o el estreno de un espectáculo, llamamos Día D al momento en que el agente de prensa debe mostrar al cliente su capacidad de convocatoria para acentuar los resultados de una campaña de prensa.

Antes que nada, hay que tener claro cuándo es necesario llevar a cabo algunas de estas acciones. Se recomienda hacerlo cuando una gacetilla o un comunicado resultan insuficientes para transmitir el mensaje. Es decir, cuando la comunicación a los medios se vea enriquecida por ese contexto de presentación pública. Para eso, sin embargo, primero es indispensable disponer de una noticia que interese a la prensa,

El cliente, por cuestiones de ego —o porque al estar muy involucrado en un proyecto suele perder noción de sus reales alcances—, siempre demanda que se invite a los medios. Esto también se debe a la errónea creencia de que una presentación ante la prensa garantiza el éxito, prejuicio que tal vez devenga de escuchar a través de los propios medios que tal o cual persona dio una conferencia de prensa, que realizó un lanzamiento o que organizó una función especial de cine o teatro para periodistas.

Sin embargo, así como no toda cosa es "prensable", tampoco cualquier noticia reúne los suficientes elementos de interés como para convocar a los medios. Por ende, luego de hacer un diagnóstico del caso, es el agente quien debe aconsejar al cliente cuándo conviene hacer una presentación ante la prensa, y cuándo no.

LA CONFERENCIA DE PRENSA

Para poder organizar una conferencia de prensa —al igual que otro tipo de convocatoria a los medios—, se debe disponer de un material de trabajo que constituya un hecho de interés público. Por ejemplo, no cualquier muestra pictórica es motivo suficiente para invitar a una conferencia, pero sí ameritaría hacerlo si se trata de un artista de renombre y que además dispuso donar lo recaudado por la venta de sus obras, a una entidad de bien público.

Otros hechos que justificarían esta convocatoria son:

- La realización de un congreso.
- La visita de un artista internacional que no dispone de tiempo para dar notas a cada medio.
- Distintas situaciones de crisis como el cierre de una empresa, un accidente aéreo, accidentes familiares de personajes famosos, problemas con los servicios públicos o una tragedia de índole natural.

La conferencia es un buen recurso para reunir una gran cantidad de medios, comunicar un mensaje uniforme y tener una repercusión inmediata, ya que puede llegar en vivo mediante radios y canales de televisión, de manera online a través de Internet, mientras que las agencias de noticias pueden divulgarla a los pocos minutos.

Su característica distintiva es que permite abrir un espacio de preguntas y respuestas luego de la exposición del o los conferencistas. A veces, previendo la posibilidad de que los periodistas se muestren dubitativos en el momento de hacer la primera pregunta, a modo de disparador, conviene que sea hecha por el propio agente de prensa. Otra forma de propiciar una reacción inmediata es sugerir algunos temas a parte de los periodistas. No se trata de decirles qué tienen que preguntar, sino de anticiparles ciertos aspectos que el agente cree que pueden interesarles. Sin embargo, cuando el tema o personaje es atractivo, la prensa siempre pregunta. A veces, no todo lo que el cliente desea, porque los medios prefieren tener información de primera mano y, por ende, al final de la conferencia acostumbran acercarse al protagonista para obtener un testimonio más directo.

- Ante la visita de un célebre actor de Hollywood, que llegó para presentar su primera película como director, el interés de los medios por entrevistarlo fue inmediato. Como forma de organizar la agenda de prensa, habíamos acordado cobertura exclusiva con una revista líder de circulación nacional durante un viaje de descanso del actor por la Patagonia argentina. A su regreso se programaron dos jornadas de cuatro horas cada una óejunkets —entrevistas uno a uno—para la televisión y los principales medios gráficos — especialmente diarios—. Aun así, gran cantidad de emisoras de radio, programas de TV por cable y medios del interior deseaban realizar sus coberturas. Organizamos una conferencia de prensa; se contó con la presencia de cerca de 180 medios —unos 250 periodistas—, y el impacto fue inmediato... tanto, que a pesar de que las críticas especializadas no fueron del todo favorables al film, en muchos artículos se comentó la acción de prensa realizada. Curiosamente, un ciclo de televisión abierta, de alto rating en su franja horaria, estuvo a punto de rechazar la entrevista preacordada en el estudio, con la conductora, una de las divas del medio, debido a que consideraba que una nota realizada al paso, en la conferencia de prensa, le había quitado el carácter de "exclusividad".

PASOS A SEGUIR

En una conferencia de prensa el cliente no debe interpretar la escasez de preguntas como falta de interés o fracaso. Fracaso sería que la prensa no asistiera. Y para evitar eso, el jefe de prensa debe seguir los siguientes pasos:

• Organizar la conferencia con suficiente antelación.
• Elegir un día y horario adecuados. Salvo que una situación de coyuntura lo obligue, hay que evitar losfines de semana, feriados y momentos del día que colisionen con la rutina periodística —por ejemplo el horario de cierre de los diarios o las primeras horas de la mañana—.

- Chequear que ese día y horario no coincidan con otro evento que pueda involucrar a la misma masa de periodistas, o que por su importancia pueda opacar nuestro trabajo. Esto se puede hacer consultando los sitios de Internet que publican este tipo de agendas, o a través de periodistas o colegas de nuestra confianza.
- Elegir un lugar de fácil acceso. Aunque en el caso de que la conferencia forme parte, por ejemplo, de una visita a una planta industrial alejada del ámbito laboral de los periodistas, también hay que prever su traslado y posterior regreso. Y si se los invita a un lugar aún más distante y por varios días, se debe resolver, además, cómo y dónde alojarlos. En este sentido, los alcances del convite deberán ser muy claros. Por ejemplo, si incluye o no llamados de larga distancia, a fin de evitar posteriores problemas.
- Mantener reuniones previas con el cliente y cada uno de los sectores involucrados en la organización: sonido, luces, video, etcétera.
- Preparar el material de prensa a distribuir la conferencia, que suele ser más completo que el que habitualmente se envía a las redacciones. Por lo general, se trata de una carpeta con información detallada y fotografías en papel con su correspondiente identificación al dorso, en CD Rom o en diskettes.
- Prever algún obsequio para los asistentes. Puede estar asociado a lo que se va a presentar o anunciar, por ejemplo un bolso, una lapicera o una camiseta con el logo de la

empresa convocante; o, si los recursos lo permiten, hay que tratar de innovar y destacarse con opciones creativas y de alto impacto. Lo que no conviene es hacer regalos diferenciados —uno para los medios más importantes y otro para el resto— porque se estaría creando un conflicto innecesario.

- Convocar a los medios al menos con una semana de antelación. Lo más usual es hacerlo por correo tradicional o vía e-mail. Y como buena parte de los invitados suele no asistir, la convocatoria tiene que ser masiva, dentro del segmento de medios con que se está trabajando.

- Si se trata de una presentación de magnitud, evaluar la posibilidad de implementar un sistema de acreditación previa. Sobre todo, si la capacidad del lugar es limitada. En ese caso, hay que avisar a los periodistas dónde deben retirar las credenciales o, en su defecto, consultar dónde hay que enviárselas.

- Cinco días antes del evento, comenzar a chequear quiénes van a concurrir. Sobre todo, si la invitación incluye un desayuno, cocktail, almuerzo o cena, porque si la diferencia entre invitados y asistentes es muy grande, no habrá manera de resolver el problema.

- Saber qué van a decir él o los oradores, asesorarlos sobre cómo transmitir el meifsaje y conocer cualquier otro tipo de material que se vaya a presentar durante el evento: videos, gráficos, presentaciones en Power Point, etcétera. Posteriormente, ofrecer una copia de las declaraciones.

- Evaluar la posible contratación de un locutor para la presentación de los conferencistas y el correcto desarrollo del proceso de preguntas y respuestas, o si va a llevar a cabo esa tarea el propio agente de prensa.
- Encargar la realización de carteles que identifiquen a cada uno de los oradores (name-tags).
- Encargar carteles con el nombre y logo de la firma organizadora y supervisar su correcta ubicación detrás de los oradores a fin de que se vean en las tomas de los reporteros gráficos.

Según el caso, el agente puede tener mayor o menor injerencia en los aspectos organizativos no relacionados con lo estrictamente periodístico. Eso se acuerda previamente con el cliente y conviene que quede asentado por escrito. Pero lo recomendable es hacerse cargo o seguir muy de cerca cada aspecto del encuentro pues aunque no haya tenido responsabilidad, si algo no sale bien, ante los ojos de la prensa el agente es el responsable de la convocatoria.

El día de la conferencia también hay que tener en cuenta que:

- Hay que señalizar correctamente, desde la entrada de calle, el salón donde se va a desarrollar el encuentro, incluido el servicio gastronómico [catering), si está previsto.
- Realizar pruebas previas de iluminación, sonido y proyección.
- Debe haber suficiente cantidad de toma corrientes para camarógrafos e iluminadores a los costados de la sala o al fondo.

El día del evento el agente tiene que tomar todos los recaudos necesarios para llegar temprano. Si no estuvo a cargo de los aspectos organizativos, debe presentarse como mínimo una hora y media antes. De lo contrario, debe llegar bastante antes para supervisar que todo funcione según lo previsto.

Una conferencia, al igual que otras presentaciones destinadas a la prensa, nunca empieza a la hora en que se citó a la gente. Siempre hay retrasos. En estos casos se aconseja comenzar cuando estén completas tres cuartas partes de la sala, aunque la demora nunca debe ser mayor a los 30 minutos.

La pregunta del millón: ¿Cuándo una convocatoria es exitosa? Se considera un buen resultado cuando asiste al menos el 50 por ciento de los invitados y la mayor parte de los medios más importantes. Para el cliente, por supuesto, esa cantidad no será suficiente, por eso hay que explicarle con anterioridad que cuando se organiza algún tipo de presentación para los medios no sólo hay que tener en cuenta la concurrencia, sino la calidad de los medios presentes.

Si algún medio no tiene la posibilidad de enviar un periodista, pero muestra interés en el tema, el objetivo será conseguir una nota anticipo —de lograrla, eso también hay que agregarlo a nuestro haber—. Aunque una nota previa no siempre tiene que ver con el impedimento de un medio para cubrir el evento. De hecho, cuando el tema o personaje convocante es realmente atractivo, la prensa suele interesarse por reflejarlo antes, lo que se puede lograr, por ejemplo, a través de una entrevista o una producción fotográfica.

A los medios que confirmaron su presencia y que por un motivo u otro no asistieron, hay que hacerles llegar el material distribuido, una reseña de lo dicho por los oradores y fotos del evento, dentro de las 24 horas siguientes. Y cualquier mención basada en esas fuentes también suma al resultado final.

Otras dos variantes de la conferencia de prensa son:

- La rueda de notas, que consiste en fijar un día y horario para que el vocero en cuestión reciba a los principales medios, por ejemplo, a razón de media hora cada uno, y luego brindar una conferencia para el resto. En el negocio del entretenimiento, de las grandes figuras del espectáculo, esta modalidad, se denomina junkets como ya se explicó.
- La rueda de prensa, que es algo más informal que la conferencia y puede desarrollarse en la sala de espera de un aeropuerto, antes o después de un viaje, en la calle, en una concentración o vestuario deportivo, o en el hall de un teatro o cine, si se trata de un estreno.

EL LANZAMIENTO

El lanzamiento siempre tiene que ver con la presentación de un producto o servicio, y puede incluir o no una ronda de preguntas y respuestas. Sirve tanto para una nueva línea de vinos, un jabón en polvo, un nuevo canal de televisión, un auto, o una línea 0800 de información al público. Aunque si se trata de un producto, es usual que incluya una degustación o demostración que permita comprobar sus bondades.

Sin embargo, no todo lanzamiento exige una invitación a la prensa, ya que también se puede enviar muestras del producto e información a los medios.

ESTRENOS Y *AVANT-PREMIÉRES*

El estreno es también un lanzamiento, pero directamente vinculado al mundo del espectáculo y las artes, como una obra de teatro o una película —avant-premiére—. Sin embargo, se diferencia de los anteriores porque la convocatoria no sólo involucra a los medios sino también a los "famosos".

En el caso de una obra de teatro, años atrás solía organizarse una función de prensa, aunque esta modalidad ha caído prácticamente en desuso. Ahora, cuando se trata de un estreno importante —es decir con un director de renombre, un elenco conocido o ambas cosas a la vez— se acostumbra hacer una función especial. Si se trata de una pieza del circuito off, en cambio, puede ser difícil lograr que los críticos concurran el día del estreno, ya que por buena voluntad que manifiesten, no disponen de tiempo ni espacio suficientes como para cubrir todo lo que se presenta. En ese caso, primero conviene esperar que el espectáculo se consolide en cartel y luego aprovechar esa permanencia para reiterar la invitación.

Para el caso de una película, no es necesario convocar a los críticos, ya que la mayoría de ellos seguramente tuvo oportunidad de verla en alguna de las funciones privadas que organizan los distribuidores cinematográficos. Pero sí conviene invitar a periodistas conocidos no relacionados al mundo del espectáculo, que por su lugar en los medios pueden contribuir a su difusión.

La convocatoria a famosos —o "personajes" en la jerga profesional—, se nutre de los contactos del agente de prensa y de los vínculos amistosos y laborales del propio elenco, cuando se trata de una producción local. De todas formas, eso no garantiza una concurrencia masiva. Si asiste el 20 por ciento del total de invitados, es un buen resultado, porque en este caso no sólo entra en juego la voluntad del invitado sino el interés que le despierta el espectáculo.

Cuando se organiza una función para invitados, a diferencia de una conferencia de prensa, no conviene invitar masivamente. Si a una conferencia asiste más gente que la prevista, se puede salir del apuro colocando sillas en los pasillos, pero si eso ocurre en un estreno no habrá manera de solucionarlo. De forma tal que, si luego de la convocatoria surgen nuevos interesados, habrá que explicarles las limitaciones del caso y aclararles que si de todos modos piensan asistir, no les podremos garantizar una ubicación a no ser que falte alguno de los invitados.

Como otros tipos de presentaciones para prensa, el estreno tiene sus propias características. En consecuencia, también se debe tener en cuenta que:

- A la hora de calcular el número de los invitados no hay que olvidar que, por lo general, los periodistas y los famosos no asisten solos.

- Si bien no se puede ubicar a todos en el centro de la fila ocho de la sala, la distribución de localidades tiene que ser lo más ecuánime posible.

- Con el tiempo, hay que capitalizar el conocimiento de las relaciones interpersonales para saber a quiénes se puede sentar juntos y a quiénes no.

- Si se dan acreditaciones, los reporteros gráficos necesitarán de una credencial especial que les permita trabajar cerca del escenario.

- En relación a los fotógrafos, también hay que averiguar si pueden o no trabajar con flash y eventual-mente organizar una pasada de escena donde sí lo puedan hacer.

Al margen de las particularidades de cada uno de estos eventos, todos son una muy buena oportunidad para que el agente de prensa demuestre sus dotes de relacionista público, con una actitud claramente servicial, de cordialidad, agradecimiento y siempre dispuesto a resolver situaciones.

¿Cómo debe ir vestido el agente de prensa? Lo aconsejable es usar ropa acorde con el ámbito y las características de cada presentación. Y ante la duda, conviene optar por algo formal, sobrio y elegante.

SEA SU PROPIO JEFE DE PRENSA

CÓMO CONVOCAR FAMOSOS

La red de contactos con famosos se organiza de manera similar a la de periodistas. Con la salvedad de que su desarrollo conlleva mucho más tiempo y obliga a una relación más personalizada.

En estos casos no alcanza con mandar una invitación y hacer un llamado para chequear su presencia. Primero, hay que ganarse la confianza de los famosos. Y eso básicamente se logra cuidándolos. Es decir, invitándolos no a cualquier actividad, sino a aquéllas que les puedan interesar o reportar algún beneficio.

Como en general estamos hablando de relaciones de mutua conveniencia, los famosos van por motu proprio cuando:

- La invitación les significa pasar un buen momento.
- Están desarrollando alguna actividad y les conviene aparecer ante colegas y la prensa.
- Les interesa mostrase vigentes.
- Pueden establecer eventuales contactos de trabajo, o simplemente, sociales.

Lo fundamental es que no se sientan usados. Y parte de ese cuidado también implica invitarlos más allá de que vayan o no al estreno, evitar que hagan cola, reservarles una localidad hasta último momento y acordarse de ellos no sólo cuando uno los necesita sino, por ejemplo, en ocasión de un viaje promocional.

Cuando un agente de prensa trabaja en campañas relacionadas con el mundo del espectáculo y la farándula, la tarea no es tan complicada. De no ser así, también se puede recurrir a algún colega familiarizado con ese ambiente para realizar el trabajo de manera conjunta. En ese caso, uno se encarga de la convocatoria a la prensa, y el otro, de los famosos.

FAMOSOS ASOCIADOS A MARCAS

De todas formas, cuando se trabaja con empresas que manejan presupuestos importantes, se suele incluir la contratación de uno o más famosos. En esos casos, el trabajo es mucho más sencillo porque se garantiza su presencia cuando se lo requiere y una disposición especial, por ejemplo, a sacarse fotos con el producto promocionado.

Verónica Cheja y Silvia Maggiani son titulares de Urban PR, consultora en prensa y relaciones públicas, empresa que posee amplia experiencia en el desarrollo de estrategias que involucran a personajes famosos con marcas o productos de consumo masivo.

¿Cómo se elige un personaje para representar a una marca? Maggiani señala: "Lo primero que tenemos en cuenta es si ese artista, deportista, etcétera, es referente aspiracional del target al cual se dirige esa marca. Es decir, si por sus cualidades, es afín a las características del producto. Por ejemplo, una bebida u otro producto que participa de una dieta sana, contribuye a la hidratación, y tiene otras propiedades, se asociará a deportistas, modelos o artistas con muy buen físico, que el público conozca por realizar prácticas deportivas, además de su profesión. Básicamente las marcas se alían a líderes de opinión para generar mayor presencia dentro de los medios, por lo que es un requisito indispensable, además, que esa participación, ese link, pueda transformarse en noticia".

Sobre la conveniencia o no para aplicar este recurso, Cheja opina que: "Asociar la imagen de un líder de opinión 'humaniza' las marcas. Es como si éstas hablaran a través de una persona que aparece regularmente en los medios masivos, y que, de alguna forma, transmite o representa sus valores. Es un recurso más dentro del mix de comunicación. Existen dos formas de asociación: de máxima, cuando directamente se los incluye en campañas publicitarias —con avisos y pautas en radio, televisión, gráfica, vía pública, Internet—; y de mínima, cuando se los convoca sólo en ocasiones puntuales, como los eventos que se organizan. De esta manera pueden tener presencia en medios a través de la publicación de fotos, o de notas en TV del famoso junto a la marca. En este caso, de una forma 'indirecta', éstos la avalan. Finalmente, un famoso le aporta a la marca, básicamente, prestigio y credibilidad para tener mayor llegada a su público".

COLORES Y SÍMBOLOS

En el diseño de conferencias de prensa, presentaciones, lanzamientos de producto y demás actividades, es importante considerar el impacto de la marca convocante y otros detalles, como la vestimenta de los oradores, la iluminación, los colores y sonidos, factores relevantes en el clima que se desea crear.

Del esquema tradicional de presentaciones en salones de hoteles, se ha pasado con mayor frecuencia a la búsqueda de ideas y lugares no convencionales, que puedan generar recordación, y a la vez, fuerte impacto en los invitados.

Uno de los recursos a tener en cuenta para lograr mejores resultados, consiste en conocer los principios de lo que se ha dado en llamar psicología del color, que analiza y estudia científicamente el impacto de los colores, asociados a todo tipo de productos, desde los logotipos que los identifican, pasando por los envases (packaging), los lugares donde son exhibidos, o cómo se los muestra en un video o en anuncios en la vía pública.

Los trailers cinematográficos (llamadas colas promocionales) son un buen ejemplo: se alinean colores, tipografías, tonalidades, matices, luces, sonidos y tramas, para comunicar, en pocos segundos, una síntesis argumental de una película y, lo que es más importante, lograr que los espectadores se dispongan a por pagar una entrada en las salas.

Programas de televisión, y sus estaciones emisoras, cuidan con creciente interés el desarrollo de su packaging visual: desde los logotipos aplicados en la pantalla, hasta los audio-logos (sonidos) que los acompañan y las voces de los locutores.

¿En qué puede beneficiarse el agente de prensa al conocer estos principios? Ni más ni menos que en contar con más recursos para lograr un mayor impacto y recordación de su trabajo. Llama la atención el poco cuidado que muchas empresas ponen en su identidad corporativa: carpetas y folletos con determinados colores y tipografías; anuncios publicitarios diametralmente opuestos, o acciones promocionales que en nada se emparentan con su público objetivo. De allí que es importante contar con el asesoramiento de profesionales de la prensa y la comunicación para el diseño e implementación de estrategias que contribuyan a dar solidez a las marcas.

Un especialista en el tema es el profesor Eduardo Sánchez, director de los posgrados de Antropología Empresarial e Imagen Corporativa de la Universidad de Belgrano de la Argentina.

Acerca de los tres sistemas simbólicos principales —los colores, la vestimenta y el lenguaje corporal—, dice: "Los colores tienen su rol simbólico en nuestra cultura. La historia de los procesos de dotar de significado a elementos de la naturaleza y a objetos creados por el hombre (incluyendo interpretaciones de formas abstractas), presentan un claro contenido inconsciente de gran importancia psicológica. Los colores se destacan por su fuerza e implicación, de allí que profesionales de la comunicación deban conocer estos principios, y adaptarlos a sus necesidades".

Para Sánchez, "la paleta de colores puede animar, estimular o tranquilizar, provocar, aliviar o contrariar. Utilizado inconvenientemente, el color puede causar tensión o excitación. En cambio, usado correctamente puede enriquecer un ambiente, reducir el aburrimiento, prevenir accidentes, energizar y hasta facilitar negociaciones".

Desde siempre el hombre asocia los colores con ciertas sensaciones, momentos, valores, sentimientos: el negro con la noche, el gris con la tristeza, el verde con esperanza, el amarillo a la claridad o santidad, el blanco con la pureza. Al diseñar materiales para la prensa, fondos para presentaciones, afiches, carteles y señales, así como la vestimenta para presentaciones en público, es importante tener en cuenta que los colores cálidos atraen más que los fríos, y los claros más que los oscuros. En breve síntesis, ya que el lector podrá profundizar en el tema en la abundante bibliografía disponible en el mercado o en Internet, repasaremos el impacto de los colores en los receptores de mensajes[1]:

ROJO: actúa vivamente, motivando al espectador, y dominando cualquier conjunto. Representa vitalidad y acción y ejerce gran influencia en los estados de ánimo. Como símbolo evoca el fuego, la sangre, el amor, la pasión, el orgullo y la violencia.

ANARANJADO: es el más cálido de los colores; tiene cierto poder hipnótico. Cuando posee una porción débil de rojo produce un sentimiento placentero, aunque se torna fuerte, agresivo, a medida que se le aumenta el contenido de rojo. Algunas personas con necesidades educativas especiales reaccionan ante este color en forma impulsiva y a veces agresiva. Refiere a la gloria, el esplendor, la vanidad, y el progreso.

AMARILLO: alegra la vista y estimula el espíritu. Produce alegría, buen humor y ternura. Da impresión de calor, luz, plenitud, sosiego y reposo.

---

1 Fuente: www.uniatlantico.edu.com

VERDE: es el color de la naturaleza y transmite calma y tranquilidad.

AZUL: es el más frío de los colores. Acentúa los tonos cálidos y es escogido muy a menudo para fondos. Es el color calmante por excelencia, y se asocia frecuentemente a ideas maravillosas, inaccesibles. Simboliza lealtad, honradez, fidelidad, así como todo ideaL El azul suave es muy recomendado para las grandes superficies porque no fatiga la mirada.

VIOLETA: produce impresión de reposo. Color serio, melancólico, simboliza distinción, pompa y magnificencia; a veces temor o penitencia.

NEGRO: cualquier color produce un mayor efecto si se lo aplica sobre un fondo negro. Adelgaza, estiliza la figura. Aplicado sobre un fondo de color desprende cierto resplandor. Simbólicamente se lo asocia con la idea de sobriedad, calidad, y también, en otros niveles de percepción, según el contexto, con soledad y muerte.

BLANCO: cualquier color, por fuerte que sea, pierde brillo al ser utilizado sobre fondo blanco. El blanco engrosa. Se asocia con pureza, perfección, limpieza, inocencia, asepsia, calma y paz.

Según Eduardo Sánchez "La vestimenta es más que la posibilidad de protegernos y abrigarnos. Es un elemento clave de la comunicación no verbal que, como todo tótem, instala a las personas en su rol. En lenguaje psicológico, la vestimenta transforma a su portador en un arquetipo de imagen".

Teniendo en cuenta que más del 90 por ciento de la comunicación humana es no verbal, la lectura del lenguaje corporal adquiere singular importancia. Cuando un orador es seguido con atención por su audiencia o, por el contrario, despierta inmediatas reacciones adversas —como aburrimiento, tedio, ira, etcétera—, es sumamente ilustrativo observar su actitud corporal. De allí la importancia de que personas y voceros con exposición pública reciban entrenamientos dictados por profesionales —media training, en la jerga del sector—.

"Los destinatarios del mensaje mostramos señales claras de expansión, por ejemplo, cuando expresamos 'usted me interesa', 'estoy de acuerdo', 'coincido con usted'. Estas expresiones, acompañadas de actitudes corporales de expansión, como asentir con la cabeza, exponen al interlocutor las partes vitales del cuerpo —ojos, corazón, abdomen, rostro, garganta-, y el mensaje que se busca transmitir podría sintetizarse en 'de la paz al desafío, y al acuerdo' —dice el especialista-. Por el contrario, brazos y piernas cruzados, miradas esquivas, manos con movimientos nerviosos, tics de distinto tipo, espalda encorvada, momentáneas disfonías, o un tono de voz imperativo y altisonante, pueden ser señales-barrera. 'Estoy en guardia', 'no me interesa', 'no estoy de acuerdo', exponen al interlocutor —nuestro destinatario del mensaje— como si estuviese con un escudo protector."

A modo de síntesis, Sánchez señala: "Si quiero transmitir alta autoridad, deberé usar colores oscuros y confiables. Para contar autoestima, se deberá mostrar calidad en la vestimenta y accesorios. Para narrar equilibrio y seguridad, se debe estar en postura recta, abierta y receptiva hacia el otro. Si quiero ser leído como confiable, lo mejor será mirar a mi interlocutor. Y si quiero transmitir liderazgo, deberé tomar territorio con mis brazos".

Hasta aquí hemos descripto las distintas facetas del trabajo de un agente de prensa. Ahora bien: una vez que los medios se hayan hecho eco de nuestras campañas o convocatorias, resta saber cómo rastrear y organizar —en un reporte que refleje adecuadamente a nuestro cliente— cada una de esas repercusiones. A eso nos abocaremos en el próximo capítulo.

Corre tu propia carrera, no la de tus competidores.
Martin Buser

Cómo armar una carpeta de prensa: reporte de resultados

L a carpeta de prensa, al igual que una convocatoria a los medios, es uno de los instrumentos de los que se vale el agente para convertir en tangible un trabajo básicamente intangible. Una carpeta de prensa permite mostrar resultados y debe contener un pormenorizado detalle de cada una de las acciones de prensa llevadas a cabo durante una campaña.

RELEVAMIENTO DE RECORTES

En esencia, la carpeta de prensa se nutre de los recortes aparecidos en los medios gráficos y, por ende, es indispensable implementar un aceitado sistema que nos facilite relevar cada una de esas menciones. Una forma de hacerlo es comprar todos los diarios y revistas a los que hemos enviado información, aunque como esto suele resultar bastante oneroso quizás convenga llegar a algún tipo de acuerdo con nuestro kiosquero para poder revisar todas las publicaciones y comprar sólo los ejemplares que nos sean de utilidad.

Otro modo más sencillo de llevar a cabo esta tarea es contratar los servicios de una agencia de dipping (recortes de medios gráficos), sobre todo si estamos llevando a cabo varias campañas simultáneas, porque eso reduce los valores del servicio. De todas formas, cuando se apela a esta modalidad, es necesario realizar un rastreo paralelo porque, por lo general, este tipo de agencias sólo hace un seguimiento de los medios masivos, dejando de lado otras publicaciones específicas y abocadas a temáticas puntuales que un agente de prensa también debe considerar a la hora de realizar ciertas campañas.

CÓMO PRESENTAR UNA CARPETA DE PRENSA

La carpeta de prensa debe estar anillada o valerse de algún otro sistema que asegure que las hojas queden sujetas. Lo más usual es pegar un recorte por hoja —si es membretada, mejor—, en la que además hay que especificar el nombre del medio, la fecha y, eventualmente, la tirada de la publicación. Sin embargo, en algunos casos, conviene poner la página completa para destacar el espacio que ocupó la nota. Por ejemplo, no es lo mismo ver suelta la mención de una obra de teatro independiente, que en el contexto de una guía de espectáculos donde también figuran otras piezas de mayor renombre y con destacados elencos. Así y todo, el cliente no siempre percibe que su trabajo fue mencionado en un plano de igualdad con otros productos más conocidos. En esos casos, hay que hacérselo notar.

OTROS ELEMENTOS DEL REPORTE

Un reporte de prensa también debe incluir:

- Las notas en Internet y las menciones a través de agencias de noticias. El seguimiento de una campaña en Internet requiere de una búsqueda página por página y la posterior impresión de los artículos o menciones. También existen compañías que se dedican a realizar el relevamiento de medios digitales. En el caso de una nota distribuida por una agencia de noticias, el seguimiento es más complejo porque resulta casi imposible rastrear su repercusión en todos y cada uno de los medios suscriptos a su servicio. No obstante, esa dificultad se puede remediar solicitándole al periodista autor de la nota, una copia del texto divulgado —"cable", en la jerga profesional—.

- Hay otras acciones de prensa que no pueden ser reflejadas a través de un recorte. Es el caso de las participaciones en radio y televisión, que conviene reseñar a través de un listado que especifique el nombre del programa, de la emisora, la duración de cada mención y alguna característica saliente, por ejemplo, si se trató de un programa dedicado exclusivamente al tema de la campaña, una entrevista, un comentario o la lectura de una gacetilla. En los dos casos, si el cliente lo requiere, se puede contratar además un servicio de monitoreo de medios electrónicos, que se encarga de seguir y grabar todo lo referente a una campaña en ambos medios.

- También es importante especificar tareas realizadas complementariamente, por ejemplo, la organización de una conferencia de prensa, entrenamiento de un ejecutivo para mejorar su manejo ante los medios, distintos tipos de canjes -entradas a espectáculos, bienes o servicios- a cambio de difusión, acuerdos con medios, acciones cruzadas con otras marcas, o el abastecimiento de informaciones y contenidos para el website institucional del cliente.
- De manera elegante y sutil, también conviene reseñar las notas y otras acciones de prensa que el cliente rechazó o no pudo hacer, ya que de surgir algún reclamo, eso se convertirá en un instrumento más para defender nuestro trabajo.

Aunque no es lo más frecuente, algunos clientes pueden pedir que les traduzcan los resultados de una campaña de prensa a los valores publicitarios de los medios. Por caso, esto suelen requerirlo algunas empresas multinacionales que están obligadas a presentar reportes a sus casas matrices. Por más que se trate de casos aislados, conviene saber que estos valores se obtienen contabilizando la cantidad de centímetros por columna obtenidos en gráfica, y de segundos conseguidos en radio y televisión, a los cuales luego se les aplica el valor publicitario correspondiente a la página o sección de cada publicación, o al segmento horario de cada emisora. De todas formas, hay que advertir al cliente que esta estimación es por demás relativa, ya que la percepción del consumidor es muy distinta ante un contenido periodístico que frente a un espacio publicitario.

Lo más común es agrupar el reporte por tipo de medios en orden cronológico, aunque también se puede organizar por publicaciones o períodos. Y en todos los casos, conviene separar cada sección con carátulas.

En general, la carpeta de prensa se presenta al final de la campaña, aunque si se trata de un trabajo que consta de varias etapas, o que por la temática el agente intuye que puede tener gran repercusión, se pueden hacer reportes parciales que, según el caso, se entregan diariamente o por semana escaneados, por e-mail o vía fax. Los originales siempre son para el cliente y el agente debe archivar una copia por si vuelven a trabajar juntos o ante la eventual pérdida del original. Junto a la copia también conviene conservar todo el material de prensa que se utilizó: gacetillas, press-kit y fotos sobrantes, salvo que el cliente requiera su devolución.

REPORTES DIGITALES

En la recopilación de resultados de una campaña de prensa, se impone en forma creciente la modalidad de entregar al cliente un CD Rom que contenga los artículos escaneados de la prensa gráfica, los archivos de audio de notas de radio, la digitalización de notas de televisión, y fotografías de la campaña, en caso de haber realizado producciones especiales.

La utilización de un CD Rom como reporte de resultados conlleva una optimización sustancial del espacio físico, debido a que, en un trabajo con continuidad y abundante resultado, los clippings en papel suelen ocupar mucho espacio. Sin embargo, la práctica profesional indica que más del 80 por ciento de los clientes todavía prefiere la entrega de un reporte "tangible", en papel, al que puedan acceder como si fuese una revista o un diario, tocar, y "sentir". En este punto, es importante conocer las necesidades, usos y costumbres de cada cliente, y su predisposición —o no— a utilizar herramientas informáticas.

Entregar un reporte digital en CD Rom a un cliente que siente rechazo por ese tipo de soportes puede no ser lo más apropiado; sin embargo, el uso de archivos en formatos usuales, como el jpg, permite anticipar vía correo electrónico los escaneos de artículos de gráfica que, luego, serán entregados en papel.

Muchas empresas colocan estos artículos escaneados en una Intranet (red interna de la compañía) para que varios usuarios puedan consultarlos según su conveniencia.

Un problema siempre es una oportunidad para mejorar.

Duke Ellincton

"Yo quiero ser famoso"

En el capítulo anterior nos referimos a la asociación entre marcas y personajes con popularidad mediática. Una de las áreas de trabajo en nuestra compañía Colombo-Pashkus está relacionada con el negocio del entretenimiento, el showbusiness, que despierta mucha curiosidad en la mayoría de las personas. De allí que estas páginas estén dedicadas a analizar un fenómeno cada vez mas recurrente, que involucra a los agentes de prensa cuando sobrevienen consultas, pedidos de reuniones y asesoramientos sobre "cómo ser famoso".

En el camino hacia la fama, muchas personas recurren a un agente de prensa porque quieren trascender, palabra que deviene de la preposición "tras" unida al verbo "ascender". • "Tras" significa buscar o seguir algo. "Ascender" quiere decir subir, posicionarse un escalón más arriba de donde se está. En consecuencia, querer trascender implica tener como meta la superación, el crecimiento constante hasta llegar a ser reconocido o, como comúnmente se dice, famoso.

TRASCENDENCIA VS. FAMA

Pero, ¿es lo mismo la trascendencia que la fama? No necesariamente.

A veces, la fama es consecuencia de la trascendencia. Es el caso, por ejemplo, de quienes tienen la habilidad de combinar sus cualidades artísticas, intelectuales, deportivas o de otra índole con un acertado manejo de su imagen y de los aspectos comerciales inherentes a su carrera. Otras veces, en cambio, es el mero resultado de una situación coyuntural, como quienes recurren al escándalo para generar impacto en los medios de comunicación. No obstante, cuando la persona carece de algún atributo que la gente pueda identificar, es muy difícil que su popularidad supere aquellos quince minutos de fama que Andy War-hol decía que todos merecemos.

La mejor manera de conseguir notoriedad pública consiste en forjar prestigio. El prestigio no es algo que se consigue de un día para otro, sino que se logra construyendo una carrera basada en el talento, la creatividad y la perseverancia. Requisitos sin los cuales es imposible adquirir cierta trascendencia.

¿Qué diferencia la popularidad cimentada en el prestigio, de la fama circunstancial?

- En primer lugar, no es perecedera, porque se puede sostener, trascendiendo incluso el plano físico de las personas, una vez que fallecemos.
- Es consistente, porque básicamente no depende de factores externos, sino que se autogenera.
- Es motivante, porque el premio al esfuerzo sirve de motor para generar nuevas energías.
- Es más elevada, porque el desarrollo de las propias habilidades y de la inspiración conduce al ser humano a un estado superior.

- Y por último, es fiel reflejo de una filosofía de vida que el común de la gente reconoce y valora.

CÓMO MANEJAR EL EGO

Quien acude a un agente de prensa suele sobreestimarse. Por ende, es necesario saber cómo manejar ese tipo de situaciones.

Si el olfato nos indica que alguien carece de suficiente talento y que además no es consciente de sus limitaciones, lo aconsejable es rechazar el trabajo de manera elegante y diplomática. Eso se puede hacer destacando sus aspectos positivos y haciéndole notar, desde nuestro saber profesional, lo que debe mejorar y que por el momento impide realizar una campaña de prensa. Se trata, ni más ni menos, que de emplear nuestras dotes de relacionista público para decir la verdad, sin ofender o hacer sentir mal al otro.

Otras veces, sin embargo, la negativa a tomar un trabajo suele ser más simple. Porque, en general, esa falta de conciencia respecto de las propias limitaciones —o una gran distancia entre lo que se es y lo que se pretende ser— guarda un correlato directo con las posibilidades económicas del potencial cliente y los honorarios del agente. En esos casos, como la diferencia es imposible de salvar, difícilmente haya que dar demasiadas explicaciones.

En cambio, cuando una persona es talentosa pero tiene expectativas desmedidas, conviene bajarla a la realidad, sin desmoralizarla. Eso implica resaltar sus virtudes y orientarla para que vaya construyendo una carrera que le permita ir acercándose al ambiente en el que se quiere desarrollar. Para eso, es fundamental estar en permanente actividad. Es decir, tomar cursos de perfeccionamiento y aprovechar toda experiencia laboral por mínima que parezca.

- Una de las grandes glorias de la música popular argentina, estrella internacional del cine y la televisión, ya fallecida, aparecía en varios segmentos de un film documental que retrataba el mundo del tango. En su rol de "Madrina Ilustre", con sus ochenta años a cuestas, llegó desde Miami —ciudad donde residía— para trabajar en la campaña de prensa de la película. No sólo colaboró en todo cuanto se le solicitó con un ánimo y energía envidiables, sino que, a modo de despedida y agradecimiento, invitó a todo el staffde prensa a comer pizzas en su departamento, que ella misma sirvió. Un ejemplo de grandeza y humildad, que dan los años y la trayectoria.

- Un joven campeón mundial de boxeo, mexicano de nacimiento, ídolo de multitudes, no tuvo problemas en trabajar hasta 18 horas en un día en su maratón de prensa durante su visita a Buenos Aires. Siempre de buen ánimo, sonriente, elegante con su vestuario diseñado por Armani, y la compañía de su padre y su hermano, hizo sumamente grato y llevadero nuestro trabajo como agentes de prensa.

PASO A PASO

En la construcción de una carrera de prestigio artístico y profesional, es importante que el agente de prensa deje en claro que un trabajo de posicionamiento en los medios es lento y que requiere de continuidad. Por más condiciones que tenga, el cliente debe comprender que si carece de antecedentes no puede pretender ser figura de tapa de una revista de la noche a la mañana, y que, como agentes de prensa, podemos ayudar a desarrollar sus potencialidades y a construir gradualmente su imagen, pero no hacer milagros.

• Aspirantes a estrellas, vedettes en desarrollo, deportistas en problemas, cantantes sin ningún CD editado ni éxitos a la vista, o ciertas personas que han participado de experiencias televisivas de fama instantánea, suelen sucumbir ante su ego desproporcionado y la ambición desmedida. Recuerdo el caso de una cámara oculta hecha a un participante de un reality show, empecinado en dar entrevistas a la televisión. Lo único que obtuvo fue que sus declaraciones fueran totalmente sacadas de contexto, con el consecuente detrimento de su persona y su imagen.

Una buena manera de que estas personas comprendan el funcionamiento de los medios, y por ende, en qué consiste nuestra tarea, es pedirle que nos diga quiénes son sus referentes y hacerle ver que esas personas recién empezaron a hacerse conocidas después de años de trabajo.

Como en todos los casos, sin embargo, siempre hay excepciones. Un proyecto novedoso, innovador, con un sello personal, suele generar interés en la prensa y acelerar el proceso. Pero esto sólo ocurre muy pocas veces.

Expertos en la materia son los colegas agentes de prensa de canales de televisión que, por la cantidad de proyectos que comunican, la variedad de personajes y la habilidad para sostener en el tiempo el interés de los medios en los programas, se convierten en algo así como "magos" de la actividad. A su vez, ellos están sumamente entrenados en la relación con figuras de todo calibre.

¿Qué cualidades debe reunir un personaje público para que impacte en los medios, y así llegar al público? Para Javier Furgang, titular de Furgang Comunicaciones y, a su vez, jefe de Prensa de Canal Trece de Argentina, del multimedios Artear, "existen diferentes formas para que un personaje público impacte en la gente. Una es desde lo carismático, y otra, desde lo discursivo. En el plano del carisma, el discurso no es relevante, pierde foco frente al talento y a la personalidad del artista. En cuanto al discurso, es necesario tener algo que decir, disponer de contenidos fuertes e impactantes que permitan volcar la atención del público hacia él, generando interés. Ahora bien: es indispensable disponer de alguna de las dos cosas; porque si no se tiene carisma, y tampoco un discurso, en general, y a pesar de los esfuerzos de jefes de prensa profesionales, pasará desapercibido para los medios".

Coincide con Furgang su colega, María Laura Anselmi, jefe de Prensa de Telefé, otro de los principales canales de televisión abierta de la Argentina con proyección internacional. "Un personaje público debe tener, ante todo, carisma, talento y creatividad. El esfuerzo que deposita en su trabajo, su modo de hacerlo, el trato con la gente que lo rodea, y con el público, son comportamientos que la gente percibe. En mi experiencia, no importa tanto el impacto que cause, sino el aura que lo rodea. Perfiles opuestos, como pueden ser aquellos artistas extrovertidos o, en contraposición, los de perfil más bajo, pueden generar atracción en el público a través de esa suerte de misticismo, que podemos definir genéricamente como carisma."

¿Se puede inventar un famoso a través de la prensa? Para Javier Furgang sí, se puede. "Y existen estrategias definidas y concretas para cada caso. Pero si este 'potencial famoso' no tiene elementos básicos de atracción, como carisma o un discurso que lo sostenga, esa fama ganada a través de nuestro trabajo profesional como agentes de prensa, será inevitablemente efímera." Anselmi, por su parte, agrega: "Nosotros podemos crear famosos fugaces, circunstanciales. Son los famosos pasajeros, ésos que parecen estar en la cresta de la ola y luego desaparecen. Sin embargo, a la inversa, ningún personaje puede ser famoso sin una gestión de prensa planificada, aun teniendo los dones necesarios. Porque para alcanzar la fama hay que construir un camino estratégico, nada queda librado al azar. Y ésa es parte de nuestro trabajo al asesorar a personajes".

Tommy Pashkus, de Colombo-Pashkus, coincide con Anselmi y Furgang, en el sentido de que quien busca trascender, deberá trabajar y esforzarse, sobre la base de condiciones, aptitudes y talento. "Quienes nos consultan, en general, tienen conciencia de que el camino para trascender es el trabajo. Probablemente, por nuestro perfil empresarial, no acostumbramos a crear imagen de personas en base al escándalo o los romances, recursos efectistas que, si bien pueden lograr rápida repercusión, con la misma intensidad se diluyen."

Consultado sobre si hay figuras que fueron estrellas en otra época, y acuden a un jefe de prensa para recuperar parte de aquella fama perdida, Pashkus considera que "hay dos grupos diferenciados: los que tienen planteos lógicos, que no piden imposibles; y los que expresan, por ejemplo, 'yo fui tapa de la principal revista semanal en 1975'... y quieren volver a serlo en un corto plazo. Ambos casos requieren de tiempo, perseverancia y constancia".

"Yo trato de ser sincero, sin dejar de ser cordial para trazar objetivos lógicos y posibles con los famosos, y llevarlos a cabo. Se trata de ubicarlos en la realidad y en el contexto actual, sin desmoralizarlos." Y concluye: "La imagen es importante; pero más determinante es el talento y el trabajo. Porque sólo perduran los que están predestinados a llegar, y esto va mas allá de nuestra tarea como jefes de prensa".

EL JEFE DE PRENSA COMO FILTRO

Aunque en la gran mayoría de los casos el trabajo del agente de prensa consiste en generar contenidos en los medios, no siempre es así. A veces, es todo lo contrario. Por ejemplo, cuando un personaje público contrata nuestros servicios para que cuidemos su imagen. Esa imagen está constituida por varios aspectos: lo que el público decodifica al verlo —su actitud corporal, su tono de voz, sus dotes y habilidades, su trayectoria, etcétera— y también otras características, que los agentes conocen, pero que no es conveniente que trasciendan al resto del público.

Puede ocurrir, por ejemplo, que la persona tenga mal carácter y no le guste relacionarse con la prensa más allá de lo imprescindible. Ante el pedido de una nota que no le interesa, difícilmente se anime a rechazarla, para que su imagen no se vea afectada. Las razones por las cuales un personaje público puede sentirse incómodo para hacer una nota son variadas: desde el desinterés por el tema sobre el cual lo invitan a hablar o el contexto en el que le proponen aparecer, hasta su imposibilidad de rechazar a un medio o periodista que en otro momento de su carrera le resultó importante. Cualquiera sea el motivo, en esos casos nos corresponderá a nosotros actuar como una suerte de filtro para decirle que no a la prensa.

Si estamos trabajando en función de un producto o servicio, nuestra forma de proceder no varía demasiado. Sobre todo, cuando la empresa cliente está atravesando una situación de crisis, la cual intentaremos neutralizar brindándole un asesoramiento respecto de los pasos a seguir, cuándo hablar y cuándo no y, llegado el caso, evaluar qué conviene decir. En esas circunstancias, hay compañías que son permeables a nuestras sugerencias. Otras, en cambio, deciden actuar por su cuenta, por lo cual conviene que todo quede por escrito para deslindar responsabilidades.

LOS PERIODISTAS OPINAN

Para abordar el tema de la construcción de fama y popularidad consultamos a algunos periodistas de trayectoria reconocida. Osvaldo Quiroga, terminante, señala: "No sé que piensa, siente o percibe de la realidad un famoso. Creo que alguien puede trascender por su esfuerzo personal en determinada dirección, pero autodenominarse famoso me parece cosa de imbéciles. Esas criaturas que deambulan por los medios en busca de una foto, o las notas del estilo 'Sepa cómo veranean los Número Uno' me parecen parte de un país de ignorantes". Y añade: "Los más patéticos, en ese sentido, resultan los personajes de la farándula. Se trata de aquellas personas que van a los lugares en los que se puede ver y ser visto. Hombres y mujeres soportan las cirugías con estoicismo, todo sea por conservar lo que ya no se puede sostener en la realidad. Parecen analfabetos funcionales. Viven en sus mundos protegidos de la literatura, el cine y las artes plásticas. Para ellos lo único que cuenta es ser llamados a un programa de televisión para hablar, no importa de qué".

"Claro que hay famosos como Gabriel García Márquez, Vargas Llosa o jorge Luis Borges, por citar tres ejemplos obvios. Salvo a García Márquez, que nunca me concedió una entrevista, conocí bien a Borges y trato a Vargas Llosa." Qui-roga describe tres elementos a considerar en el proceso de construir prestigio, más allá de la fama: "Para ellos lo primero ha sido el trabajo, el esfuerzo, la lucha con el texto y la palabra, el alumbramiento final, la dicha de la creación. Borges no entendía lo que ocurría cuando la gente lo saludaba por la calle. Vargas Llosa sostiene que eso que llaman fama le molesta, y aunque uno puede creerle o no, lo cierto es que, para él, lo primero es su obra. Conclusión: el trabajo es lo primero. Lo demás, ¿qué importa?".

Osvaldo Bazán, periodista y escritor, opina sobre el tema. "Cuando se nos dice a los periodistas que debemos ser funcionales a la industria del entretenimiento, que todos formamos parte de esa gran familia que es el espectáculo, y que nos necesitamos mutuamente, eso quiere decir 'no te metas, que vos también comes de esto'."

"Ahí está la fama. Parece bastante cercana —agrega—. Y en realidad, lo está. Los medios de comunicación permiten la amplificación exagerada de la figura de las personas, a niveles inconcebibles hace medio siglo. Ser famoso es algo que se consigue hoy con un par de apariciones televisivas. Y no es puro cuento, al menos mientras duran sus efectos."

Sobre los pseudo famosos, Bazán piensa que: "Cuando los artistas declaran 'de mi vida privada no hablo', no dan media vuelta y se van. Siguen esperando las preguntas de los medios para hablar de su vida privada. Y cuando nosotros, periodistas, preguntamos los chismes más banales de cualquier persona, decimos que es porque el público quiere saber, tras el sacrosanto deber de informar. Nosotros creemos que el público quiere saber. Las estrellitas quieren creer que el público quiere saber todo sobre ellas. Y el público mismo, a veces, cree también que quiere saber. En general cuando los artistas se quejan porque no hablan de su trabajo en notas de prensa y sí de su vida privada, niegan lo evidente: su obra es mucho peor que su vida privada, y soportarían mucho menos una crítica seria a su trabajo que un chisme de cama".

Y agrega, con brutal honestidad: "En general, la relación entre entrevistados y entrevistadores se basa en algunas premisas claras: 1) Se desconocen profundamente. 2) El entrevistado no va a decir nada inconveniente para no tener problemas: con los dueños de productoras, canales, teatros, autores, directores, colegas más importantes. 3) El entrevistador no va a preguntar nada inconveniente para no tener problemas: con los dueños del medio para el que trabaja, con los dueños de productoras, canales, teatros, autores, directores, colegas más importantes y el propio entrevistado, que si se enoja lo manda a la lista negra y no permite que vuelva a reportearlo nunca más. 4) El entrevistado sólo va a decir aquello que le sirva a su promoción. Así, la entrevista termina siendo sólo una publicidad de la obra del entrevistado. La entrevista murió. Este estado de cosas se rompe con honestidad, ética, respeto por el trabajo propio y de los demás, y algo de ingenuidad que empuje a pensar que las cosas pueden ser distintas. Ésta es una tarea para la cual artistas y periodistas necesitan de los agentes de prensa."

Betty Elizalde, un icono de la radiofonía y el periodismo desde los años setenta en la Argentina, emblema de la sensualidad a través de su labor como locutora, rompió moldes y marcó un antes y un después en ese medio. Ella cree que "el afán de ser reconocido es inherente a la condición humana. ¿Quién de niño no reclamó la permanente atención de sus padres? A los que dicen que la fama no les interesa, que les molesta o que la desprecian, no les creo. Es más, pienso que es una forma elegante de acrecentarla. Nadie hace lo que hace porque sí. Consciente o inconscientemente, todos queremos ser reconocidos. No disfrutar el éxito propio es un contrasentido. Una de las pocas celebridades argentinas que dice la verdad sin sonrojarse es Mirtha Legrand, que cuenta que ya de niña ambicionaba ser famosa, y que las veces que viajó a un país donde no sabían quién era, sintió ganas de decir que en 'su' país es muy conocida. La fama significa recibir elogios, que en la calle te saluden, ser el centro del mundo. De alguna manera, se empieza a dejar de ser uno mismo, para pasar a ser la imagen que el resto te devuelve; y responder a esa imagen".

Elizalde considera que "la fama modifica, incluso, de puertas para adentro. No sólo al famoso, porque adquiere cierto poder, sino a los que lo rodean que, casi imperceptiblemente, pasan a convivir con un pequeño dictador. En el entorno íntimo, el famoso también se convierte en un intocable. En general, la fama empobrece. Porque se entra en un estado de obnubilación y se cree que esa sensación nunca va a terminar. No conozco a nadie que haya muerto de viejo en la cúspide de la fama. Tarde o temprano empieza a diluirse".

"Un caso diferente es el de los ídolos, cuya fama se acrecienta aun después de muertos, como Carlos Gardel, el Che Guevara, Eva Perón. Diría que para morir con la fama intacta, hay que morir necesariamente joven. La fama te da mucho, pero también se las cobra. Y con ella, nadie puede. Ni siquiera los que la adquirieron como producto del talento, el trabajo y la perseverancia. Nadie tiene una estructura tan sólida, menos los que llegaron en forma fortuita o por medio de un escándalo. En esos casos, la caída suele ser tan meteórica como su ascenso." Y concluye, categórica: "la fama es un orgasmo, y también la antesala del infierno. Y de esto último el famoso recién se da cuenta cuando ya está entre las tinieblas. La fama, como dice un viejo refrán, es puro cuento. El problema es que uno se la cree".

CONSTRUCCIÓN DE IMAGEN PERSONAL VS. POSICIONAMIENTO DE MARCAS

Para trazar un paralelismo entre la construcción de imagen personal y el posicionamiento de productos, mediante la aparición en los medios de prensa, el trabajo no es muy distinto, porque ambos tienen "personalidad". Es decir, lo que connotan, el motivo por el cual la gente los identifica. Y si bien la marca no tiene ego, sí lo tiene su creador, o su empresa madre.

Como también ocurre con un actor, un músico, un artista plástico, un deportista, para poder posicionar una marca ésta debe contar con un plus que sea de interés para el público que consume medios. En el caso de una nueva marca de helados, ese valor agregado puede ser una mayor variedad de sabores. O en el caso de una nueva línea de jabones, algún tipo de elaboración artesanal que la distinga de otros productos del mismo nicho.

La ventaja de las marcas por sobre las personas consiste en que no sólo disponen de la prensa para alcanzar su posicionamiento, ya que también se puede trabajar en base a la publicidad, las promociones y el marketing directo, por ejemplo. En el caso de alguien que recién empieza su carrera, en cambio, esto es prácticamente imposible. Salvo que su imagen esté ligada a un producto, como puede ser un programa de televisión de alto rating. Eso, si la persona además tiene talento, puede servir como despegue.

El ego, en sí mismo, es un motor, es la fuente de entusiasmo y energía. Por lo tanto es un aspecto importante a considerar, como hemos descripto anteriormente. Para María Laura Anselmi "puede transformarse en una herramienta a utilizar, una faceta que quizás tenga el personaje, y con la que hay que trabajar... y convivir. Tanto el ego como la timidez, la soledad o las características que posea cada artista, son elementos que podemos aplicar a favor a la hora de ayudar a construir una imagen".

Por su parte Javier Furgang es categórico: "Manejar el ego del famoso es gran parte del trabajo del agente de prensa. En general el artista quiere acaparar la atención, pero, a la vez, se siente incómodo frente al asedio, y son muy pocos los que saben manejar efectivamente esa situación. Una función importante de los profesionales del sector, es asesorar desde el conocimiento del medio sin consentir al artista y evitando decirle lo que quiere escuchar. En mi experiencia, también es importante mantener el grado de autonomía del artista; esto implica no obligarlo a hacer o no hacer ciertas cosas, porque, en definitiva, es él quien debe tomar la decisión".

También el periodista Osvaldo Bazán tiene su visión del tema. "La gente del espectáculo, con esa urgencia por ser el centro, con la dependencia absoluta de la mirada de los otros, encuentra en los medios el mejor aliado para alimentar su ego. Se miran obsesivamente en ese juego de espejos que los tiene como el primer espectador. No son todos iguales, es cierto. Aunque, en mi experiencia, sí es cierto que a gran parte de ellos la fama suele interesarles más que el desarrollo personal. Obnubilados por su propia figura no suelen tocar otros temas más que ellos mismos, su devenir en el mundo, el cuidado de su figura y su cambiante relación con sus iguales. 'Estar', para gran parte de la farándula, significa 'Ser'."

¿Cuál es la moneda de cambio entre los famosos y los medios? "Lo que todos saben —reflexiona el periodista— es que nadie 'entra' en la apretada agenda de los medios si no ofrece algo a cambio. Los medios exigen a veces la modalidad 'escándalo' para abrir sus páginas, para enfocar sus cámaras. La vida común es para el público, no para las estrellas. Nadie es famoso si es aburrido, si no tiene un rasgo distintivo —tetas o talento, lo mismo da—y si no tiene ganas de serlo. La fama se conquista —aunque haya algunos casos de herencia, como los parientes de famosos—.Ya lo sabían muy bien los alumnos de la academia: 'La fama cuesta'. Al ser fruto de una negociación constante con los medios, algo hay que dar. La foto del divorcio, la exclusiva del parto, las emociones del reencuentro. Cualquier personaje de la farándula puede negarse. Eso sí, será entonces menos famoso; sólo se hablará de él por su trabajo, y los periodistas y medios, y la gente misma, los acusaremos de ausencia de glamour. De allí que muchos, a veces, terminan entregando el alma.

Después, arrepentidos, la reclaman a los periodistas. Pero ya es demasiado tarde."

Sobre el vínculo personal con los clientes, el colega Javier Furgang comenta: "No suelo tener una relación de amistad con mis clientes. La relación es cordial pero profesional. Se debe generar un vínculo de confianza que no requiere de la intimidad de una relación amistosa. Por ejemplo, cuando tuve la oportunidad de trabajar con la cantante latina Shakira. Fue a instancias de su compañía discográfica, que tenía como objetivo volver a acercarla con el público argentino, en un momento donde su relación personal de pareja aparecía con serias implicancias políticas én el país —estaba de novia con el hijo de un ex presidente de la nación, que había renunciado ante una de las peores crisis sociales de la historia—. En este caso, fue muy importante un viaje preliminar para conocerla. Entablamos un vínculo que consistió, básicamente, en la confianza, y en la idea de que, en cuestiones de prensa, el agente de prensa sabe más que el artista. Y a partir de eso, todo funciona".

Liz Rosenberg, agente de prensa de Madonna, renunció porque no podía "mantener el compromiso emocional" con su cliente. Sin embargo, en la columna de chismes del New York Post, publicaron que las desavenencias surgieron a partir de la actitud de la diva ante los ataques a las Torres Gemelas. Según el New York Post, una fuente de Warner Records dijo que "Madonna insistió en dar un concierto en Los Angeles el 13 de septiembre. Ella y Liz aparentemente se pelearon por eso. Liz pensó que era una equivocación y quería posponerlo". Otra fuente de la Warner

Records dijo que la pelea surgió por la negativa de Madonna a participar en actos benéficos para las víctimas del 11-S. Liz Rosenberg desmintió ambas versiones. Rosenberg volvió a trabajar con Madonna justo cuando se publicó una biografía no autorizada, escrita por Barbara Víctor, que decía que la diva había abortado once veces, entre otras cosas. "No quería dejar a Madonna desprotegida", dijo Rosenberg, con tono maternal.[2]

Como vemos, las relaciones entre las estrellas y sus jefes de prensa tienen sus bemoles en cualquier país del mundo. Otro ejemplo es el de Michael Jackson. Luego de la famosa entrevista en el programa 60 minutes, en la que dijo que no veía nada de malo en dormir con chicos, y que eso no tenía por qué tener connotaciones sexuales, su vocero Stuart Backerman renunció o fue despedido.

Según Backerman, renunció por "diferencias estratégicas" con el cantante. Según el abogado de Jackson, Mark Geragos, Backerman fue despedido seis días antes de la entrevista por desobedecer la orden de no hablar con la prensa.

Michael Jackson ya había tenido problemas con su anterior jefe de prensa, el legendario Lee Solters, a quien despidió en 1996. Ante la pregunta de por qué había perdido su trabajo, Solters dijo, irónicamente: "Supongo que se enteró de que no me sale el paso hacia atrás".[3]

---

2 Fuente: www.nypost.com

3 Fuente: www.mjnewsonline.com.
www.aboutmichaeljackson.com y www.cnn.com

Sobre el poder que aparentemente quieren ejercer algunos jefes de prensa dijo Lynn Hirschberg, periodista de la revista Times, sobre Pat Kingsley, una de las agentes de prensa más importantes de Hollywood —trabaja con Tom Cruise, Jodie Foster, Al Pacino—: "A Pat Kingsley no le interesa el periodismo. Le puede dar varios días al fotógrafo y a mí una hora". Sobre el tema, la propia Kingsley sostuvo: "Al público no le interesa la vida de las estrellas tanto como a la prensa. El público sólo quiere ver lindas fotos. Así que dos horas deberían ser suficientes para una nota... pero usualmente yo doy una hora y media. A algunos periodistas les gusta acercarse y acorralar a la estrella. ¡No mientras yo esté cerca! Nuestro único poder es el control del acceso a nuestro cliente. Una vez que la prensa tiene acceso, perdemos ese poder"[4].

Ahora bien, ¿sólo los artistas tienen jefes de prensa? Por supuesto que no. Deportistas, políticos, modistos, peluqueros, empresarios, modelos, managers de modelos, y todos los profesionales que ven expuesta su imagen, en general, cuentan con un jefe de prensa.

- Un joven deportista argentino, de creciente fama internacional, aparece en la tapa de los diarios un martes, acusado de un caso de doping positivo. Todas las radios se hacen eco de la noticia. Su teléfono celular estalla de llamados de la pren-

4 Fuente: Revista *The Observer,* www.observer.guardian.co.uk

sa. Alguien de su entorno nos llama a las 18 de ese día, para convocar a una conferencia de prensa para el día siguiente, miércoles, a las 11. Nuestra agencia despliega todo su operativo para cumplir con la tarea. El miércoles, una hora antes del comienzo del encuentro, nuestro staff llega al lugar elegido y se encuentra con todo cerrado. Al llamar a los contactos de su entorno, recibimos como respuesta "¿No te avisaron ayer que se suspendió la conferencia de prensa?". "Estás bromeando", dijimos. "No, es cierto, sus abogados le aconsejaron no hablar". Resultado: tras una hora de ablande, el tenista apareció con media hora de retraso; respondió las preguntas de los medios, nuevamente fue tapa al día siguiente y su imagen se repitió casi por veinticuatro horas en televisión.

Éste es un caso interesante de analizar: el del impulso inicial del entorno por "limpiar" la imagen pública de un personaje de creciente impacto mediático lleva a tomar una decisión no meditada en profundidad —convocar a una conferencia de prensa—. Por otro lado, la palabra del abogado tiene más poder que la nuestra, adjudicándose el rol de asesor de comunicaciones por sobre nuestra opinión. Estos cortocircuitos de comunicación son más frecuentes de lo que imagina. Conclusión: para evitar problemas, malos entendidos, trabajar de más y, potencialmente, quedar en evidencia ante los medios, lo recomendable frente temas delicados es que el agente de prensa acuerde los términos con el personaje y su equipo de asesores, entre ellos el abogado.

• Hace varios años, trabajando para una compañía productora de canales de televisión por cable, se programó la exhibición del film La última tentación de Cristo. Las voces en contra no se hicieron esperar: campañas pro-censura por parte de sectores reaccionarios, cartas anónimas, faxes misteriosos, enardecidas protestas en las puertas de la empresa, y hasta un simulacro de bomba en la puerta de mi casa. Recomendación 1) Si no los hay, designar voceros entrenados en el trato con la prensa en "épocas de paz", para que cuando surja el conflicto, todos estén preparados —plan de crisis, o de contingencia—. 2) Alinear los mensajes a divulgar, sobre todo si aparece más de un vocero ante los medios —en este caso, fuimos el abogado de la productora y yo—. 3) Redactar urgente un comunicado de prensa aclarando la situación, desde el lado de la empresa —recuerdo que el film contaba con todas las calificaciones y requisitos para ser exhibido por televisión—, y aprovechar para afianzar, en tanto sea posible, el vínculo y el compromiso con el público. 4) Establecer un sistema de actualización de los comunicados ante la prensa. El escándalo no terminó allí, sino que traspasó la frontera, hacia Chile. Clave: cuide en todo momento la claridad del mensaje a comunicar. Si el mensaje no es claro, el resultado es confuso.

Otra situación frecuente es cierto ocultamiento de información por parte de un famoso hacia su agente de prensa. Por ejemplo, cuando al iniciar un trabajo se le consulta si tiene o ha tenido problemas con algún medio, por lo general, la respuesta que se escucha es "No, tengo excelentes relaciones con todo el mundo". La gran sorpresa puede aparecer cuando el agente toma contacto con cierto medio, y allí se entera, a través de una serie de exabruptos y reproches, que se mantienen relaciones de conflicto entre la figura y ellos —o incluso, con toda una editorial—, y hasta litigios judiciales no resueltos. Entonces, es necesario comenzar las relaciones de trabajo con honestidad, de ambas partes.

CONCLUSIÓN

Todos tenemos nuestra cuota de ego: los artistas, los periodistas, nuestros clientes, y, por supuesto, nosotros mismos. Por lo cual, como hemos analizado en cada capítulo, para que usted Sea su propio jefe de prensa habrá de combinar distintos dones, habilidades, cualidades personales —entre ellas grandes dosis de paciencia y aceptación—, a la vez que necesitará mejorar, desarrollar y expandir otras áreas.

La experiencia indica que ser graduado en una carrera universitaria no garantiza ni es pasaporte seguro para obtener el mejor desempeño profesional. Sin embargo, la formación académica es siempre bienvenida y necesaria para encuadrar y dar marco teórico al complejo proceso de la comunicación. Todo lo demás se construye en el día a día, experimentando, aprendiendo de los errores, y, por sobre todas las cosas, manteniendo presente la conciencia de que cada acción que realice es pasible de ser mejorada y perfeccionada. "Detrás de cada problema, hay una oportunidad igual o mejor", se lee en todas las oficinas de nuestra empresa.

Los jefes de prensa somos comunicadores. Ésa es nuestra esencia. Tenemos la habilidad, innata o aprendida a través de los años, de traducir complejos mensajes a un lenguaje que sea aceptado por los medios y entendido por el público. Somos usinas de información hacia los medios; con el tiempo nos transformamos en fuentes confiables, basados en la ética, la verdad, el cuidado y el respeto de las relaciones interpersonales.

En el trabajo, como en la vida, el desafío es mantenernos siempre en movimiento, sobreponiéndonos a las dificultades que presenta el día a día, levantándonos cada vez que nos caemos; porque, como dice el educador John Ro-ger, ésa es tu propia elección.

La excelencia es el arte de triunfar mediante el aprendizaje y la perseverancia.
No actuamos correctamente por tener virtudes,
sino que las adquirimos cuando actuamos correctamente.
Somos lo que hacemos.
La excelencia, pues, no es una acción sino un hábito.

Aristóteles

EPÍLOGO

Como todo, menos el alma y el espíritu, Sea su propio jefe de prensa llega a su fin.

En lo personal, este libro significó un nuevo paso en mi tarea de expandir mis habilidades como comunicador. El principal desafío fue la búsqueda de un método y un lenguaje adecuados para poder transmitir mi experiencia de forma útil y atractiva.

Al margen de las motivaciones personales, este libro surgió a raíz de haber comprobado que hay una gran cantidad de personas que hacen cosas valiosas y que, por desconocer cómo se accede a los medios, no obtienen los resultados deseados.

Cuando imagino a los lectores de Sea su propio jefe de prensa, pienso en distintos grupos. En organismos no gubernamentales, fundaciones que llevan a cabo actividades solidarias, abogados que están manejando un caso que se convierte en mediático, empresarios que tienen o proyectan lanzar una pequeña o mediana empresa, estudiantes de carreras de la comunicación y relaciones públicas, interesados en acercarse a este mundo afín, pero a la vez, diferente, como lo es hacer prensa.

A todos deseo haber brindado un compendio de información sistematizada, a veces hasta en forma de 'receta', y con algunos guiños, que si los lectores saben decodificar, pueden resultarles de utilidad, como los ejemplos reales, testimonios y frases que, desde un lugar básicamente didáctico, refuerzan cada una de las ideas desarrolladas.

Como queda claro, este libro es producto de la experiencia, no de la teoría. Soy un hombre de acción, con una fórmula clave que me fue entregada una vez, y que hace funcionar mi profesión y mi vida: "Persistir + Completar = Ganar".

Fueron muchos años de aprendizaje en base a ensayo y error. En aquellos tiempos no tuve la suerte de encontrar un libro como éste, que facilitara mi camino. Y esa ausencia fue cubierta, en parte, con textos de distinto tipo, algunos relacionados con la comunicación, gracias a los cuales tomé plena conciencia del compromiso y responsabilidad que debemos asumir quienes nos dedicamos a esta actividad. Y otros, sobre negocios y desarrollo personal y empresarial, que fueron fortaleciendo mi vocación de entrepreneur.

Sea su propio jefe de prensa es una síntesis de ese aprendizaje práctico, y por eso lo considero un libro pionero en su tipo. Sinceramente, espero que les sirva. Lo demás, dependerá de ustedes. De la capacidad de cada uno, de sus habilidades, y también de la dedicación, esfuerzo y perseverancia que le entreguen a esta profesión apasionante, y cada vez más necesaria en los tiempos que corren.

Daniel Colombo es Master Coach experto en CEO, alta gerencia y profesionales; comunicador profesional; Mentor de ejecutivos y empresarios; Speaker internacional; y facilitador de procesos de cambio. Media-coach de políticos y ejecutivos; experto en Oratoria moderna.

Autor de 21 libros, entre ellos "Sea su propio jefe de prensa" "Historias que hacen bien", "Preparados, listos, out" (co-autor, sobre el Síndrome del Bournout); "Abrir caminos", y una colección de 6 libros y DVD, "Comunicación y Ventas" con Clarín de Argentina, y la colección "Coaching Vital" compuesta por tres títulos: "El mundo es su público", "Oratoria sin miedo" y "Quiero vender" (Hojas del Sur).

Se desempeña habitualmente en 18 países, habiendo brindado más de 600 conferencias, workshops, seminarios y experiencias vivenciales, llegando al millón de personas entrenadas. En todas sus redes sociales tiene un millón de seguidores.

Conduce y guía equipos de alto rendimiento en empresas nacionales y multinacionales dentro y fuera de su país. Ha asesorado y trabajado junto a más de 2500 empresas, y dirigido su compañía de relaciones públicas durante 20 años. Escribe regularmente en más de 20 medios de Argentina y diversos países.

Web: www.danielcolombo.com
https://www.linkedin.com/in/danielcolombo/
Twitter @danielcolombopr
www.Facebook.com/DanielColomboComunidad/
Instagram: Daniel.colombo
YouTube: www.youtube.com/DanielColomboComunidad

LIBRO EDITADO POR

EDITORIAL AUTORES DE ARGENTINA